Police
Visual
Series

ヴィジュアル法学

事例で学ぶ

軽犯罪法 新装版

刑事法令研究会＝編
追浜コーヘイ＝作画

東京法令出版

はしがき

軽犯罪法は、戦後の社会的混乱の時代に国民の道徳心を養い、社会秩序の維持を目的に制定された法律です。

その類型も、国民のちょっとしたはずみで犯すような道徳違反行為を列挙しています。ですから、この解釈を誤ると国民の生活があまりにも苛酷になり、自由と人権を無視する結果にもなりかねません。かといって同時に、悪質重大な犯罪の未然防止を図るための法律でもあるわけですから、適切な運用に心掛ける必要があります。

本書は、このようなことを念頭において、みなさんのごく身近にある具体的な事例を漫画で表現し、問題点について、教官と生徒との問答形式で分かりやすく解説しました。さらに、その事例に対する犯罪事実の記載例、参考判例を載せ、まとめてみました。

本書を、若い警察官に気楽に読んでもらい、法律の仕組み、解釈の仕方を学ぶ一助としていただければ喜びです。さらに、軽犯罪法に興味をもっていただき職務執行に少しでも参考になれば幸いです。

平成六年二月

刑事法令研究会

凡　例

一　本書で使用した裁判例集の略号は、次のとおりです。

刑集　　最高裁判所刑事判例集
裁集刑　最高裁判所裁判集（刑事）
高刑集　高等裁判所刑事判例集
高刑特報　高等裁判所刑事裁判特報
高刑速報　高等裁判所刑事裁判速報集
東高時報　東京高等裁判所刑事判決時報
刑裁月報　刑事裁判月報
下刑集　下級裁判所刑事裁判例集
判時　判例時報
判タ　判例タイムズ

二　本書執筆にあたり参考にした文献は、次のとおりです。

軽犯罪法（三訂版）　伊藤栄樹著（立花書房）
軽犯罪法解説　俵谷利幸著（日世社）
犯罪事実の書き方・特別法犯Ⅰ（日世社）
特別刑法　警察庁刑事局調査統計官編著（立花書房）
特別刑法犯捜査ハンドブック　法務省刑事局特別刑法研究会著（立花書房）

もくじ

軽犯罪法の性格と沿革

生徒　教官、一年程前、高速道路でね……。
教官　分かった、交通違反だろう。君はスピードを出すからね。
生徒　違いますよ。運転中にトイレに行きたくなり、サービスエリアもないので、路肩に車を止めて立小便をしたのです。
教官　そんなときは困るね。
生徒　その時パトカーが来て、警察官に、「こんなところで立小便をしてはいかん。」としかられましたが、これ違反ですか。
教官　君の行為は、軽犯罪法一条二〇号、又は二六号違反、あるいは、刑法一七四条の公然わいせつ罪の成立が考えられますね。公然わいせつですと六か月以下の懲役若しくは三〇万円以下の罰金又は拘留若しくは科料、軽犯罪法違反ですと拘留又は科料です。それに……。
生徒　それに……ってまだほかにもあるのですか。立小便だけのことでビックリさせないでくださいよ。
教官　ほかに考えられるのは、道路交通法七五条の八違反です。
生徒　何ですか、それは……。
教官　駐停車禁止場所での停車です。これは一五万円以下の……。
生徒　それはないですよ教官。分かりました。この際、法律を学ぶ生徒として、軽犯罪法について勉強したいと思いますのでよろしくお願いします。
教官　よい心掛けです。君のように大した悪意もなく、ちょっとしたはずみで罪を犯してしまう人は特によく理解したほうがいいですね。君は手元に六法を持っていますか。
生徒　はい、いつも手元に置いています。これを見ますと軽犯罪法は、「昭和二三年五月一日」に公布されています。比較的新しい法律なんですね。
教官　でもね、この公布までには長い歴史があるんだよ。古いところでは、明治三年の「新律綱領」というものにまでさかのぼりますからね。
生徒　そのころは西郷隆盛だとか、江藤新平の時代ですよね。廃藩置県もそのころだったと思いますが。
教官　なかなか歴史にも詳しいね。その「新律綱領」は、明や清の律令をもとにして編集されたいわゆる東洋法系のもので、とても近代的といえるものではなかったのです。これが明治政府が初めて全国に施行した刑法典ですね。続いて明治六年「違《い》式《しき》註《かい》違《い》条例」が制定されましたが、これが軽犯罪法の原型です。

生徒　古い時代から定められていたのですね。「立小便」もこの条例の中に定められているのでしょうか。

教官　それはどうでしょうか。この条例はごく軽微な過誤を取り締まる法律で、現代と同じような、日常生活の身近な道徳律を規定していたことは確かですので規定されていたかもしれませんね。

生徒　明治一三年に旧刑法が制定されたことは知っていますが、この中に軽微な犯罪の規定があったと思いますが……。

教官　よく勉強していますね。第四編に「違警罪」として、それまでの「違式註違条例」の規定が盛り込まれています。

生徒　「立小便」も引き継がれているのでしょうね。

教官　そうですね。公衆の場での立小便は道徳違反ですからね。

生徒　そして明治四一年に現行の刑法が施行されたのですが、ここで「違警罪」は除外されたのですね。

教官　そうです。「警察犯処罰令」として新たな法律が刑法と同時に施行されたからです。そしてその法律根拠は、明治二三年法律第八四号「命令ノ条項違反ニ関スル罰則ノ件」にあったのです。警察犯処罰令は四条からなり、「三〇日未満ノ拘留」に処すべき罪が四個、「三〇日未満ノ拘留又ハ二〇円未満ノ科料」に処すべき罪三七個、「二〇円未満ノ科料」に処すべき罪が一七個それぞれ規定されていました。君が犯した「立小便」もこれに規定されていますよ。

生徒　教官、「立小便」の話はもうよしましょう。なぜ刑法から除外されたのですか。

教官　軽微な犯罪は警察の取締りの便宜上改廃の必要も度々生ずるという考えから、改廃手続がスムーズにできるように分離されたのです。

生徒　当然、手続法も存在したわけですよね。

教官　もちろんです。「違警罪即決例」という手続法がありました。でもね、警察署長等が即決で裁判することとされていたので、警察官憲に権力が集中し、批判、非難が高かったのです。

生徒　それで廃止になったのですか。

教官　いえ、そうではありません。君は現行憲法の施行や、憲法三一条は当然暗記しているよね。

生徒　もちろんです。施行は昭和二二年五月三日で、三一条は、「何人も、法律の定める手続によらなければ、その生命若しくは自由を奪はれ、又はその他の刑罰を科せられない。」です。

教官　要するに、現行憲法の下では、「命令ノ条項違反ニ関スル罰則ノ件」のような罰則制定の一般的委任は許されないのであり、これに基づく命令も、効力を失うものとされたのです。そして、警察犯処罰令については、昭和二二年五月二日まで、一時的に法律として効力があったのです。

生徒　分かりました。それで現軽犯罪法のような、警察犯処罰令に代わる実体法規が必要とされるようになったのですね。

教官　なかなかうまくまとめましたね。社会的非難の度合いが比較的軽微な者であっても、あえて刑罰で臨んでいるのは、国民の公徳心、社会的倫理を向上させ、国民全般の幸福を図ろうとする意思があります。それでは一条の各号について勉強をしてみましょう。

生徒　教官、一条は三四号までありますが、二一号が削除されているのはなぜですか。

教官　それは昭和四八年の改正で削除されたのです。それまでの二一号の内容は、「牛馬その他の動物の虐待禁止」の規定ですが、当時、動物愛護法ともいうべき法律制定の動きが高まり、「動物の愛護及び管理に関する法律」が制定されたことで、その目的を終え、削除されました。

生徒　そういう経緯があったのですか。前から疑問を持っていたのです。それと、軽犯罪法違反の訴訟手続については、刑事訴訟法によって行われるのですね。

教官　もちろん、そのとおりです。逮捕手続について確認しておくと、軽犯罪法の法定刑は拘留又は科料ですから、現行犯逮捕については、犯人の住居若しくは氏名が明らかでない場合又は犯人が逃亡する虞がある場合に限り許され（刑事訴訟法二一七条）、緊急逮捕は許されません（同法二一〇条一項）。また、通常逮捕は、被疑者が定まった住居を有しない場合又は正当な理由なく出頭の求めに応じない場合に限って許されます（同法一九九条一項ただし書）。

生徒　分かりました。しかし、各規定の中身をみると、何をしても道徳違反となり、この法律に触れそうですね。僕なんかすでに前科一犯ですよ。いや二犯かな。すごく堅苦しい生活に引きずり込まれそうですね。

教官　いや、本法が適切に運用されれば悪質重大犯罪が未然防止できるし、道徳心の向上に寄与するものなのです。

生徒　「法の適切な運用は、法の正しい解釈の上に立ってはじめて期待することができる」というわけですね。

教官　そのとおりです。さすが私の教え子ですね。では、各規定について、事例を見ながら進めていきましょう。

潜伏の罪 （1条1号）

親父
金くれねぇ
かな！
いい年をして、
いつまでも
ブラブラ
するな！
毎日遊び歩いて
いるおまえに
渡す金
などない！
自分で稼げ!!
うるせぇ
クソ
親父！
甲はその夜、駅前のサウナで寝たが、翌日家に帰ることもできず、所持金もわずかとなり行くあてもなかった。今夜はどこに泊まろうか……と思いながら歩いていると…
こんな家
出ていっ
てやる!!
クソ
親父め！
1軒の空家を見つけた。
甲はこの空家で寝ることに決め、玄関に行くと案の定、鍵は掛かっていなかった。甲はその空家に入り寝入った。
翌日、警ら中の警察官が甲を発見した。

一条一号　潜伏の罪

人が住んでおらず、且つ、看守していない邸宅、建物又は船舶の内に正当な理由がなくてひそんでいた者

生徒　一条一号は「人が住んでおらず、且つ、看守していない」となっていますが、人が住んでなく、看守、管理されていない建物というのはあるのですか。

教官　こんな事例があります。それは、住居侵入事件で有罪の判決を受けた被告人が、「侵入した家屋は一年のうちわずか二か月くらいしか使用していない別荘であるから、軽犯罪法一条一号に該当するにすぎない。」と主張したのです。

君は、この事件の問題点はどこにあると思いますか。

生徒　確か刑法の住居侵入罪は、「正当な理由がないのに、人の住居若しくは人の看守する邸宅、建造物若しくは……」（一三〇条）ですから、本件の空き別荘が看守・管理されていたかどうかではないでしょうか。

教官　刑法の「人の看守する」とは、「人が事実上管理支配していること」をいうと解釈されており、その態様は直接建物に存在して管理する場合はもちろん、鍵を掛けその鍵を保管している場合も看守に当たります（最決昭三一・二・二八裁集刑一一七・一三五七）。

生徒　ということは、その空き別荘はわずか二か月間しか住んでいなくても鍵を掛け、管理されている状態であれば軽犯罪法の適用はないということですね。

教官　そうです。この一号の立法趣旨は、社会的に望ましくない行為に利用され、生ずる危険を防止しようとするものですし、そもそも軽犯罪法が、刑法の補充規定ですので当然そうなります。

生徒　邸宅、建物、船舶については、刑法一三〇条の住居侵入罪とおおむね同様の概念でいいわけですね。

教官　そうです。一部に異なるとする説もありますが、判例もなく消極的考えです。

生徒　最近、オートキャンプが脚光をあびて、キ

論点（ポイント）

- ○　人が住んでおらず、且つ、看守していない
- ○　邸宅、建物、船舶の概念
- ○　正当な理由がなくてひそむ行為

ャンピングカーの販売が伸びているようですが、こういったキャンピングカーの車内を生活の場としているような場合も「建物」に当たるのでしょうか。

教官　大正一三年の大審院の判例で、「建物とは、屋根を有し、柱材で支持され、土地に定着し、人が起居出入りし得る内部構造を有する工作物をいう」と定義され、これは現在も適用されており、自動車は「建物」に当たりません。

生徒　私たちは安アパート住まいですので、「邸宅」と「建物」とを比較してしまい、邸宅というと豪邸を思い出すのですが、どのように区別されているのですか。

教官　そのような意味合いのものではなく、住居に供する目的で造られた建造物でも、現に住居に使用されていない空き家、閉鎖された別荘、廃家、廃寺等も「邸宅」といいます。

「建物」とは、「住宅」、「邸宅」以外の建造物をいいます。例えば、官公庁、事務所、学校、倉庫等のことをいいますね。

生徒　本事例ですと、甲は「邸宅」にひそんでいたことになりますね。

教官　そうですね。

生徒　それでは船舶についてですが、船という船がすべて含まれるのではないと思いますが。

教官　この場合の船舶は「水上航行の用に供する船舶」ですが、本号の行為は「ひそむ」ことが要件ですので、ひそむことができるスペースのあることが必要ですね。

生徒　公園にある一人乗りボートなどは該当しないわけですね。

教官　そうですね。

それに陸にある廃船は、建物と解されることはあっても船舶には当たりません。

生徒　本号の行為は、正当な理由がなくひそむことですが、ひそむというからには、ある程度時間的経過が必要だと思いますがどうですか。

教官　「正当な理由がなくて」とは、住居侵入罪における「故なく」と同様に、「違法に」という意味で、社会的に認められるものかどうかで決めるべきものですね。それに継続犯ですので、ある程度の時間的経過が必要です。また、ひそむとは、人目につかないように身を隠すことをいいます。

生徒　それでは、半ば公然と、日常生活の根城として我がもの顔で使用している場合は、本号違反に当たりませんか。

教官　そうですね、ひそむ行為には当たりませんね。

生徒　でも、人が看守していないからといって住みつく行為は何の犯罪にも当たりませんか。

教官　看守はされていないが、所有者等による事実上の支配が及んでいる場合は、不動産侵奪罪（刑法二三五条の二）が成立することも考えられます。

生徒　その場合、不動産侵奪罪と軽犯罪法との関係はどうなりますか。

教官　本号と不動産侵奪罪の両罪が成立し、両者は観念的競合の関係になり、「重きを以て処断」することになります。

生徒　軽犯罪法一条三二号に「入ることを禁じた場所に入る行為」を処罰する規定がありますが、一号との関係はどうなりますか。

教官　三二号のように、少なくとも入ることを禁じた場所といえるには、ある程度立入禁止の趣旨が明らかにされている場合であり、おおむね人の看守があるものと解釈でき、本号と三二号が競合することはほとんどありません。

本事例のまとめ

甲の宿泊場所がないとの理由は正当な理由とはいえず、空き家といえども人目を忍んでひそんだことも明白である。

また、右空き家は現に住居として使用しておらず鍵が掛けてなく、事実上の支配管理がなされていない本号の邸宅に該当する。

以上のことから、甲の行為は、本号の刑責を負う。

犯罪事実の記載例

被疑者は、正当な理由がないのに平成○年○月○日午後○時ころから、翌○日午前○時ころまでの間、人が住んでおらず、且つ、看守していない○○市○○町二丁目五番地所在の○○○○所有の邸宅にひそんでいたものである。

凶器携帯の罪　（1条2号）

A警察署交通係B巡査他1名は検問中ー
無灯火の上、二人乗りをして走行中のミニバイクを現認した。

バイクを止めて職務質問をしたところ、2名は同署管内の暴走族グループの少年甲と乙であった。

甲君、ポケットの中を見せてくれないか？

ブル ブル
ヤバイなあ…

ジャンパーのポケットに鋼鉄製の特殊警棒を隠し持っているのを発見した。

他のグループとケンカになってもいいようにいつも持っているんだ……。

一条二号　凶器携帯の罪

正当な理由がなくて刃物、鉄棒その他人の生命を害し、又は人の身体に重大な害を加えるのに使用されるような器具を隠して携帯していた者

生徒　二号の罪は銃砲刀剣類所持等取締法の補充的意味があると思いますが、刃物の概念はどのように解釈しますか。

教官　本号の「刃物」とは、銃砲刀剣類所持等取締法二二条にいう「刃物」と同じ意味ですし、同法二二条の「刀剣類」はもちろん、包丁、ナイフ、ナタ、鎌等も含みます。

生徒　銃砲刀剣類所持等取締法は刃体の長さを規定していますが、この規定に該当する刃物を携帯した場合はどうなりますか。

教官　同法二二条は、刃体の長さが、六センチメートルを超える刃物を携帯することは、隠して携帯すると否とを問わず処罰することとしています。ですから、これに該当する刃物については本号に当たりません。

論点（ポイント）

- ○　正当な理由
- ○　凶　器
- ○　刃　物
- ○　隠して携帯

生徒　最近はセラミックの刃物もありますが、本号の刃物に当たりますか。

教官　鋼材と同程度の物理的性能を有する材質ですので該当します。

生徒　刃物、鉄棒以外に「その他人の生命を害し、……使用されるような器具」となっていますが、何か漠然とした規定ですね。

教官　「刃物」、「鉄棒」でも分かるように、性質上の凶器と用法上の凶器との双方を含みますが、単に殺傷用に使えば使うことができる程度では足らず、ある程度使用されやすい物である必要があります。

生徒　ということは、野球用のバットやゴルフクラブは「用法上の凶器」に該当するが、つえや傘、釣竿等は当たらないということですね。

教官　そうです。

生徒　最近、痴漢被害の防御のために若い女性が「催涙スプレー」を所持するということを聞いたことがありますが、本号の「器具」に当たりますか。

教官　いいところに気がつきましたね。結論から言うと該当する可能性があります。
生徒　結論にしては、判然としませんが。
教官　実は、催涙スプレーが本号の「器具」に当たるか否かで争われた判決があります（最判平二一・三・二六）。
　判決では、本件催涙スプレーが護身用防犯スプレーとして製造されたものであるとか、使用される噴射液は催涙性が極めて高く、皮膚の軟弱部位が赤くなったり、目に噴射した場合は強い刺激を与えたり、高濃度になると結膜炎により失明することがあるなど「人の生命を害し、又は人の身体に重大な害を加えるのに使用されるような器具」に該当することは明らかであると解しています。
生徒　行為は「正当な理由がなくて、隠して携帯すること」ですが、一号と同様の「故なく」と解釈してよいと思います。
教官　そうですね。一号と同様ですが、具体的解釈としては銃砲刀剣類所持等取締法二二条の「業務その他正当な理由による場合を除いては」と同様に解してもよいと思います。
生徒　ということは、本事例のように特殊警棒とか、護身用に、ナイフとか木刀を携帯することは違法になるのですか。
教官　もちろんです。護身用でも違法となり得ます。
生徒　護身用といえば、先ほど話にありました催涙スプレーを護身用に所持した場合は、どうなるのでしょうか。
教官　「正当な理由」による所持に該当する場合もあります。また、次のような判例もあります。被告人が自己の運転する自動車の運転席とその右ドアとの間の床上に木刀一本を裸のまま置いておいた事案で、「被告は、木刀は護身用に持っていたものであり、また木刀の長さと自動車の構造から考えても本件場所しか置く場所はなく、隠すという意思はなく無罪」と判断しています（京都簡判昭四八・二・一九）。
生徒　その裁判官は木刀を護身用と認定したのですね。
教官　そうです。でも木刀を護身用と認定したり、剣道の素振用と認定し、そのことをもって正当な理由があると認めることは好ましくありません。先ほど説明した「催涙スプレー」に関していえば、最高裁判例は、護身防犯用でも用途・性能から本号の「器具」に該当すると示し、第一審判決を支持しています。最高裁判決はその一方で、「正当な理由がある」として無罪を言い渡しています。
生徒　繰り返すようですが、本号に当たる「器具」でも護身用で携帯することは「正当な理由あり」、結論として本号違反にはならない場合があるということですか。

教官　そうです。同判決は「正当な理由」について、「本号所定の器具を隠匿携帯することが、職務上又は日常生活上の必要性から、社会通念上、相当と認められる場合をいい、これに該当するか否かは、当該器具の用途や形状・性能、隠匿携帯した者の職業や日常生活との関係、隠匿携帯の日時・場所、態様及び周囲の状況等の客観的要素と、隠匿携帯の動機、目的、認識等の主観的要素とを総合的に勘案して判断すべきものと解される」と判示しています。

生徒　護身防犯用に市販されている「催涙スプレー」でも、現に犯罪に使用されたケースがありますから、本号による取締りはしっかりと行っていきます。

教官　もちろん、犯罪その他不法な行為をする目的で「催涙スプレー」を隠匿携帯する等「正当な理由」の要件を満たさないと判断される場合は、積極的に取り締まる必要性・合理性があります。

生徒　「隠す」の要件ですが、正当な理由のない携帯ですので隠す必要があるわけで、隠しても隠さなくても正当な理由がなければ本号に当たるのではないのですか。正当な理由のない所持でも隠して携帯していなければ本号の適用はないのですか。

教官　本号に「隠して」の要件を加えたのは、公然と携帯している場合より、危険性が高いとみられるからです。この要件は、正当な理由のないことの象徴的な事実としての意味があり、本号の濫用を防止するためには一応意義のある要件です。

生徒　自宅に隠して外出している場合は、所持であっても携帯には当たらないですね。

教官　「携帯」は必ずしも自己の身につけている必要はありませんが、直ちにこれを使用できるような状態で自己の支配下に置いていれば足ります。君の質問の場合は「所持」ですね。

本事例のまとめ

甲が携帯していた特殊警棒は鋼鉄製の製品であり、人の身体に攻撃を加えれば、死傷等の重大な結果を招くことは明らかであり、本号の「器具」に当たる。また喧嘩に備えて護身用に携帯することは、「正当な理由」があるとはいえない。

以上のことから、甲は本号の刑責を負う。

犯罪事実の記載例

被疑者は、正当な理由がないのに平成○年○月○日午後○時ころ、○市○○区○○町二丁目八番地先路上において、特殊警棒一本を、上衣のポケット内に隠して携帯していたものである。

●参考判例●

尖端部を尖らせた、長さ約一・五メートルの竹棒を、その尖端部分約一尺位を新聞紙で包み、尖っていることを隠して正当な理由なく携帯することは、軽犯罪法第一条第二号に該当する（高松高判昭二八・三・九高刑集六・四・四二八）

（判決理由）

……竹棒はいずれも長さ約一米五十粍大でその尖端を斜めに尖らせたものであること明らかである。……被告人の本件竹棒携帯が軽犯罪法第一条第二号に該当するや否やにつき考察するに、右の如き長さで且つその尖端を尖らせた竹棒は人の身体に重大な害を加えるのに使用されるような器具に該当するものと謂うべきであり、被告人がその尖端部分を新聞紙で包み尖端が尖っていることを隠して右竹棒を携帯していた以上竹棒そのものを隠していなくても右第二号にいわゆる「器具を隠して携帯していた者」に該当するものと謂わなければならない。

＊　＊

一　軽犯罪法一条二号にいう「正当な理由」があるとは、同号所定の器具を隠匿携帯することが、職務上又は日常生活上の必要性から、社会通念上、相当と認められる場合をいい、これに該当するか否かは、当該器具の用途や形状・性能、隠匿携帯した者の職業や日常生活との関係、隠匿携帯の日時・場所、態様及び周囲の状況等の客観的要素と、隠匿携帯の動機、目的、認識等の主観的要素とを総合的に勘案して判断すべきである

二　職務上の必要から、軽犯罪法一条二号所定の器具に当たる催涙スプレー一本（護身用に製造された比較的小型のもの）を入手した被告人が、健康上の理由で行う深夜路上でのサイクリングに際し、専ら防御用としてこれをズボンのポケット内に入れて隠匿携帯したなどの本件事実関係の下では、同隠匿携帯は、社会通念上、相当な行為であり、前記「正当な理由」によるものであったといえる（最判平二一・三・二六刑集六三・三・二六五）

（判決理由）

本件スプレーが、（中略）本号にいう「人の生命を害し、又は人の身体に重大な害を加えるのに使用されるような器具」に該当することは明らかである。

……本件のように、職務上の必要から、専門メーカーによって護身用に製造された比較的小型の催涙スプレー一本を入手した被告人が、健康上の理由で行う深夜路上でのサ

イクリングに際し、専ら防御用としてズボンのポケット内に入れて隠匿携帯したなどの事実関係の下では、同隠匿携帯は、社会通念上、相当な行為であり、前記「正当な理由」によるものであったというべきであるから、本号の罪は成立しないと解するのが相当である。

侵入用具携帯の罪（1条3号）

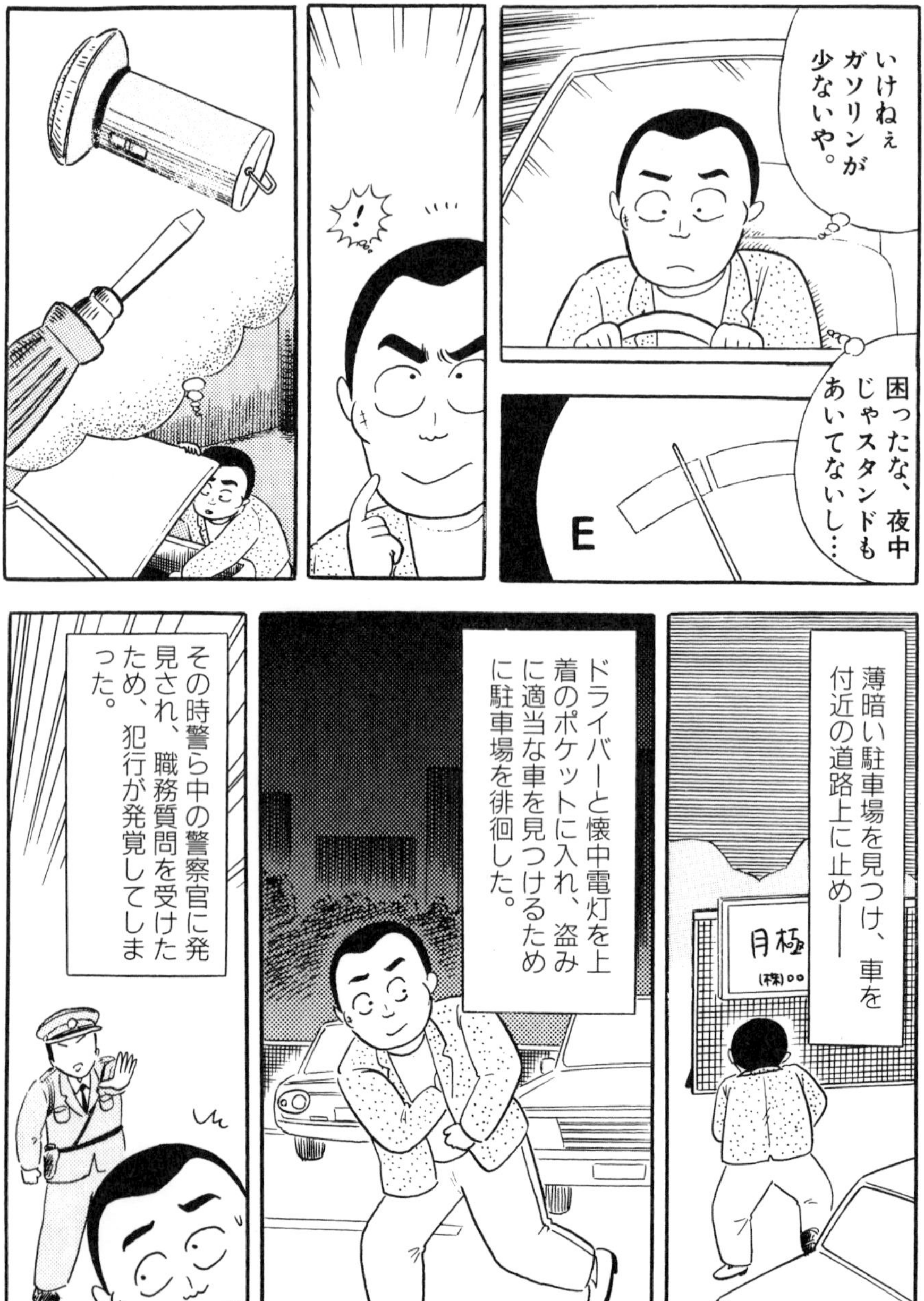

一条三号　侵入用具携帯の罪

正当な理由がなくて合かぎ、のみ、ガラス切りその他他人の邸宅又は建物に侵入するのに使用されるような器具を隠して携帯していた者

生徒　本号は、邸宅とか建物に侵入するのに使用されるような器具を隠し持っていた者が処罰されるわけですので、この中には、自動車の合かぎは含まれませんね。

教官　自動車は「邸宅又は建物」に当たりませんので、本号の合かぎには当たらないでしょう。

生徒　本事例は、車からガソリンを抜く目的でドライバー等を携帯していたわけですが、本号は「人の邸宅又は建物に侵入するのに使用されるような器具」を携帯することが要件ですので、犯人が邸宅等に侵入する目的がない場合は適用はあるのですか。それに懐中電灯も本号の器具に当たりますか。

教官　本号は、携帯する行為の目的、意図について限定していません。つまり目的犯ではないのです。本号は、これらの物を隠して携帯することが、住居侵入や窃盗といった犯罪に発展していく危険性が高いので、これらの犯罪の未然防止のため規定されたのです。「器具」については客観的に侵入の用途に用い得る性質を備えたものであればよく、当然懐中電灯も本号の器具に当たります。

生徒　「正当な理由」とは一号と同様ですか。

教官　そうです。また甲が、上着のポケットに入れていた行為は「隠して携帯」していた行為に当たります。

生徒　甲が、そのドライバーで他人の車のガソリン給油口をこじ開けていたならば、すでに窃盗未遂が成立して、本号とは併合罪ですか。

教官　そうです。他人の家に侵入し強盗をする目的であれば刑法の強盗予備罪が成立し、本号の罪とは併合罪の関係になります。

ところで君は、平成一五年六月にピッキング防止に関する法律が公布、施行されたことを知っているね。

論点（ポイント）

○　所持目的は要件か
○　正当な理由
○　隠して携帯

生徒　はい、外国人によるピッキングという特殊な侵入用具を使った空き巣事件が横行したことで、それを取り締まる法律ができたことは先輩や上司から聞き知りましたが、内容まではよく知りません。

教官　君らしくないね。

この法律は、「特殊開錠用具の所持の禁止等に関する法律」という法律です。君が言うように、マンション等の玄関かぎを特殊な侵入用具を使って開錠する犯行が多発しています。その犯罪防止を図る目的で、正当な理由なく特殊開錠用具を所持することを禁止するとともに、特定侵入行為の防止対策を推進することにより建物に侵入して行われる犯罪の防止対策を推進することを定めています。

生徒　これがいわゆるピッキング法といわれる法律ですね。

教官　そうです。

この法律の法制度の趣旨からすれば、軽犯罪法と同様ですが、軽犯罪法の法定刑は拘留又は科料にとどまり、刑罰では犯罪の抑止効果は必ずしも期待できません。一方、刑事訴訟法上被疑者の逮捕や勾留にも制約があり、犯罪に対する取締りは必ずしも十分なものではありません。

そこで、ピッキング法は、本号の「他人の邸宅又は建物に侵入するのに使用されるような器具」のうち建物への侵入に結びつく危険性が特に高い器具を、業務その他正当な理由によらず所持し、又は隠匿携帯する行為を禁止するとともに、その違反に対して、違反行為の危険性に見合った処罰を可能にしたのです。

生徒　そうしますとピッキング法は、本号で例示している「侵入用具」以外の侵入用具を規定したのですか。

教官　正しい解釈とはいえません。本号は、合いかぎとかのみ、ガラス切り等と広義の侵入用具を例示しています。一方、ピッキング法は、本号の例示する侵入用具のうち建物への侵入に結びつく危険性が特に高い器具を「危険器具」として狭義の侵入用具を規定したのです。

生徒　「危険器具」とは具体的にどのような器具ですか。

教官　同法施行令（平成一五年政令三五五号）や同法施行規則（平成一五年国家公安委員会規則一二号）によって、「特殊開錠用具」と「指定侵入工具」の定義を定めています。

用具の具体的な定義については省略しますが、同法施行令で「特殊開錠用具」には、「ピッキング用具」、「破壊用シリンダー回し」、「ホールソーのシリンダー用軸」、「サムターン回し」の四種類の器具を規定し、「指定侵入工具」としては、「建物への侵入の用に供されるおそれが大きい工具」として一定の要件を備えた「ドライバー、バール、ドリル」の三種類の工具を規定しています。

生徒　本号と問題になるのは、「指定侵入工具」ですね。特に、ドライバーやバールは本号にいう侵入用具にも当たると思いますが。

教官　そうですね。本号の侵入用具に当たるか、ピッキング法に規定する「指定侵入工具」に当たるか否かは、侵入工具の形状、その工具を使用した犯罪が多発しているか否か、建物への侵入の実態、破壊の迅速性、確実性等客観的要素に加えて、その者の隠匿携帯に係る認識、動機、目的等の主観的要素を総合的に判断する必要があります。

生徒　先ほど教官が言われたように、ピッキング法は、本号の適用では侵入犯罪を防止することが困難であった部分を補充する意味合いがある法律だと思いますので、積極的に適用したいと思います。

教官　そうですね。

　ピッキング法が制定された背景や内容をよく研究して適正に運用してください。特に、「業務その他正当な理由」の有無の判断は、相手方に所持又は隠匿携帯の理由を説明させ、職業との釣合性、携帯方法、隠匿携帯の時間的・場所的合理性等総合的に勘案して適正に判断する必要があります。本号との関係で申し添えれば、ピッキング法で適用できない侵入工具を隠匿携帯していた場合は、本号の適用も視野に入れる必要があります。

生徒　空き巣で現行犯逮捕された者が、指定侵入工具に該当しないドライバーを隠匿携帯していた場合ですね。

教官　そうですね。

　その事例ですと、ピッキング法で規定する指定侵入工具に該当しないドライバーとはっきり判明していれば、外形上本号違反の罪の構成要件に該当します。

　ピッキング用具を使用して建物に侵入して、窃盗の現行犯で逮捕された者については、窃盗罪とピッキング法第三条違反の罪の双方が成立し、両罪は併合罪の関係になります。

本事例のまとめ

甲は、警察官に発見されたとき、駐車中の他人の車からガソリンを窃取するのに使用するドライバー等をポケット内に隠し持っていたもので、右ドライバーは他人の邸宅等への侵入用具として使用される器具であり、甲に携帯の正当な理由は存在しない。また、ポケット内に入れていた行為は「隠して携帯」していた行為に当たることは明らかである。
　以上のことから、甲の行為は本号の刑責を負う。

犯罪事実の記載例

　被疑者は、正当な理由がないのに平成○年○月○日午後○時ころ、○○市○○町二丁目一番地○○駐車場において、他人の邸宅又は建物に侵入するのに使用されるような器具であるドライバー一本及び懐中電灯一個を上着ポケット内に隠して携帯していたものである。

●参考判例●

　本条三号の「他人の邸宅又は建物に侵入するのに使用される器具」とは、客観的に侵入の用途に用いうる性質を備えたものであれば足り、これを携帯する者がこれを侵入のために使用する意図を有することは必要でない（浦和地決昭五六・五・二五刑裁月報一三・四―五・四一四）

＊　＊

　本条三号にいう携帯とは、本条三号所定の器具を直ちに使用することができる状態で自己の支配下に置いておけば足り、携帯している者が権原を有しているか否かは犯罪の成否と無関係である（東京高判昭六〇・九・一三東高刑報三六・八―九・七一）

（判決理由）
　軽犯罪法一条三号所定の他人の邸宅又は建物に侵入するのに使用されるような器具（ドライバーは、客観的に侵入の用途に用い得る性質を備えたもので、これに該当するものと解せられる）を「携帯する」とは、このような器具を、直ちに使用することができる状態で自己の支配下に置いておけば足りるのであつて、携帯している者が所有権や使用権などの権原に基いて携帯しているかどうかは右罪の成否には関係ないものである。

＊　＊

　軽犯罪法一条三号所定の侵入具携帯罪は、侵入具を携帯するものがその侵入具を使用して住居侵入を犯した場合でも、住居侵入罪に包括的に評価され吸収されるものではなく、同罪とは別個の犯罪として成立し、併合罪の関係に立つ（大阪高判昭六一・六・一二高刑集三九・三・二一二）

浮浪の罪　（1条4号）

甲は、五体満足でありながら生来の怠け者でどの職業も長続きせず転々としている。
作業員（3か月）
店員（2か月）
運転手（1か月）
建設作業員（1か月）
ある職場でプレス作業員として働いていたとき、作業中に右手首に怪我をし、働くことができなくなった。
ー1か月後ー
督促状に給水停止通知か……。
甲はアパートの生活ができなくなり、家主には無断で夜逃げ同様に飛び出した。
その日から甲は、定まった住居のない駅の住人となった。日が経つにつれて他のホームレスと顔見知りとなり、毎日無気力な生活をしているうちにそんな生活が自分に合った生活と感じ、仕事に就く気も失せた。
みどりの窓口➡
1か月程度たったある日、警察官に甲は保護された。

一条四号　浮浪の罪

生計の途がないのに、働く能力がありながら職業に就く意思を有せず、且つ、一定の住居を持たない者で諸方をうろついたもの

生徒　本号は、一言でいうと駅のガード下とか、構内で生活している人たちをいうのですか。

教官　この立法趣旨は、犯罪と結び付きやすい浮浪行為を禁止しています。

現代では、経済情勢の安定、各種福祉施設の充実、最低限度の生活保障等が得られるので、駅のガード下等で浮浪している人は極端に少なくなりました。でも時々見ることがありますね。一定の住むところを有せず、駅とか、ビルの一角、神社、公園等で毛布にくるまって生活している人が浮浪者ですね。

君は「こじきの罪」があることを知っていますか。

生徒　いいえ、そんな罪があるのですか。

論点（ポイント）

○　生計の途がない　○　一定の住居を持たない
○　働く能力を有する　○　諸方をうろつく
○　職業に就く意思

教官　本法一条二二号にあります。この解釈は後で話すこととしますが、君は本号と二二号を同一に解釈していますね。

「こじき」行為と本号の「うろつき」行為とは異なる行為です。

生徒　私は、二二号の存在自体知りませんでしたから。

教官　本号が成立するには、生計の途がないこと、働く能力があること、職業に就く意思がないこと、一定の住居を持たないことの四つの条件が必要です。このうちの一つが欠けても成立しません。

生徒　四つの条件が揃っていれば「こじき」ではないのですか。

教官　ところが違うんですね。「こじき」というのは不特定の他人に金品を乞うことをいうのです。ですから、乞う行為をすることなく、何の目的もなく諸方をうろつく場合に本号が該当するのです。

生徒　でも、本号に当たる者が、同時に二二号の「こじきの罪」に当たる場合もあると思いますが。

教官　そのような場合は本号と二二号の罪とは観念的競合の関係となります。

生徒　教官、盗みをしたり、違法な方法で生計を立てている者もいますが、これらの者は生計の途がないので違法なことをするのであって、本号の「生計の途がないこと」に当たりませんか。

教官　これは、日常生活を営むのに必要な費用を適法な方法で得ることができない者をいいますのでその要件に当たります。

生徒　パチンコや競馬で稼いで生活する者や、親のすねかじりはどうですか。

教官　パチンコや競馬で稼いで生活費を得ている者は、偶然性に左右されるものですので本号の要件に該当しますが、親の仕送りや、遺産、預貯金の利子等で生活している者は該当しません。

生徒　行為は、「諸方をうろつく」ことですが、距離的にどの程度までの付近をブラブラすることですか。

教官　うろつく地域の広狭は、この場合問題ではありません。一定の目的もなく、多少広い地域を移動すればいいわけです。

　これに対して徘徊は、比較的狭い地域を一定の目的をもつことなく移動することをいいます。本号のうろつくとは、この浮浪と徘徊を含むものです。

本事例のまとめ

甲は一か月ぐらい前から駅を根城にしており、一般通常人が日常生活を営むのにふさわしい場所を有しておらず、客観的に判断して働く能力に欠けているとは思えない。また駅周辺や公園を何の目的もなく浮浪徘徊しているものであり、本号の要件を満たす。

以上のことから、甲の行為は本号の刑責を負う。

犯罪事実の記載例

被疑者は、生計の途がないのに働く能力がありながら職業に就く意思を有せず、かつ一定の住居を持たないで、平成○年○月○日ころから同年○月○日ころまでの間、○○市○○区○○町○丁目○番地JR○○駅付近をうろついたものである。

粗野・乱暴の罪 （1条5号）

パチンコ店「ラッキー」でAの隣の客、甲は――
何だこの台は！
ガン ガン
チキショウ馬鹿にするな!!
止めてくれ！
甲はAに注意されてもその後時々台を叩き、止めようとしなかった。
ガン ガン
近くで遊技していたB
皆迷惑をしているから止めてくれ！
ガン ガン ガン
うるさい！
ガタガタ文句をいうな!!
甲は怒鳴り、さらにパチンコ台を2、3回叩いた。そのため、別の台に替った者もおり、甲の回りで遊技していた数人のお客は嫌な顔をして気分を悪くした。

一条五号 粗野・乱暴の罪

公共の会堂、劇場、飲食店、ダンスホールその他公共の娯楽場において、入場者に対して、又は汽車、電車、乗合自動車、船舶、飛行機その他公共の乗物の中で乗客に対して著しく粗野又は乱暴な言動で迷惑をかけた者

論点（ポイント）

- ○ 公　共
- ○ 著しく粗野又は乱暴な言動
- ○ 迷惑をかける

教官　本号は一定の場所における入場者や乗客の安全保護と、そのような場所全体の秩序の維持を図ることを目的としています。

生徒　「公共」というと、国とか市町村の所有なり、管理する場所、建物を思い浮かべますが、そのような意味ではないのですか。

教官　本号の「公共」とは、不特定、かつ多数の人が自由に利用できる性質のものをいいます。

生徒　本事例のパチンコ店は「公共の娯楽場」に当たりますか。

教官　該当します。「公共の娯楽場」は、公衆が楽しみや慰みのために利用する場所をいいますので、パチンコ店以外ではボウリング場、スケート場、マージャン店等が本号に当たります。

生徒　迷惑行為防止条例にいう「公共の場所又は乗物」とか、刑法一〇九条二項の自己所有建造物放火罪の「公共の危険」の「公共」と同じ解釈ですか。

教官　なかなか勉強家ですね。君の言うとおりですね。判例も公安条例の「屋外の公共の場所」に関し、「公共の安全と秩序に対し危険が及ぶおそれのあるような道路・公園・広場にも比すべき場所、すなわち現実に一般的に開放され不特定多数の人が自由に出入りし、利用できる場所を指す」とするものもあります。

生徒　でも現実にその道路なり公園が、公共の施設なのか判断が難しいと思います。

教官　そうですね。要は場所、施設、利用者と提供者との関係等を含めて公共性を判断し、社会通念に照らして考えてみる必要があります。

生徒　一三号に「公共の場所での粗野若しくは乱暴な言動」というのがありますが、本号との関係はどうなりますか。

教官　一三号は、「多数のものに対する粗野若しく

は乱暴な言動」であり、対象を異にしており、本号が成立すれば一三号の成立はありませんが、本号が成立しない場合のみ一三号の成否が問題になります。

生徒　教官、「公共の乗物」は、不特定、かつ多数の人が同時に利用できる乗物であれば、電車、バスであろうが、飛行機であろうがよいと思いますが「その他公共の乗物」とはどのようなものがありますか。

教官　それは観光地のケーブルカー、ロープウェイ、スキー場のリフト、エレベーターやエスカレーター等がこれに当たります。

生徒　タクシーはどうでしょうか。私は公共性があり該当すると思いますが。

教官　タクシーについては、該当しないという意見もありますが、タクシーは一般の不特定、かつ多数の利用を前提として営業に供されている公共の乗物の実質を備えていると考えられますので、君の言うとおり該当すると思います。

　ただ、本号は公共の乗物内の公衆に迷惑をかける行為を処罰の対象としているので、タクシー内でたとえ著しい粗野又は乱暴な言動を行っても運転手以外に迷惑をかける相手方（公衆）がいない以上、本号には当たりません。

生徒　行為は、入場者や乗客に、著しく粗野な、また乱暴な言動で迷惑をかけることですが、よく酒に酔っ払って大声を出したり、からんだりして迷惑をかけている人を見ますが、「粗野」とか「乱暴な言動」の判断が難しいのではないですか。

教官　そうですね。単に「粗野」だけでは足らず「著しい粗野」であることが必要です。例えば、場所をわきまえない言動とか、礼儀を守らない動作で迷惑の程度の高いものをいいます。

生徒　「著しい」とは「乱暴な言動」にもかかる言葉でしょうか。

教官　いいえ、「粗野」のみにかかる言葉です。「乱暴」という語は、それ自体相当強度な挙動を前提としているからです。

生徒　そうしますと「乱暴な言動」とは、その挙動に現れてくる不当な荒々しい言語態度ということで、刑法の暴行、脅迫より程度が軽いものということですよね。

教官　そうですね。他の入場者や乗客にからんだり、物を投げたりするような行為をいいます。

生徒　本号は、「相手に迷惑をかける」ことが要件だと思いますが、これは受ける側の気持ちが問題だと思いますがどうですか。

教官　そうですね。相手が困ったり、うるさく感じたり、不快で嫌な感じをもったことが必要です。ですから誰もそうした感情をもたなければ成立しないわけです。

生徒　「粗野又は乱暴な言動」が、暴行、脅迫の程度であれば刑法の適用を受けるわけですね。

教官　そうです。刑法の補充規定ですからね。

本事例のまとめ

甲の言動等から判断すると、甲の行為が暴行罪、脅迫罪又は威力業務妨害に当たるものとは解されない。甲は、パチンコ店という公共の娯楽場において、その場所もわきまえず礼儀を守らない動作でA、Bにからんだものであり、当然、両名は甲の行為に迷惑を感じたものである。以上のことからして、甲は本号の刑責を負う。

犯罪事実の記載例

被疑者は、平成○年○月○日午後○時ころ、○○市○○町○番地パチンコ店ラッキー（経営者○○○）において、パチンコ台を数回叩く等したため、遊技客A及びBが注意したところ、同人らに対し「うるさい、ガタガタ文句を言うな」等著しく粗野かつ乱暴な言動をして同人らに迷惑をかけたものである。

●参考判例●

キャバレーの開店披露の日、客席においてコンロで牛の内臓やにんにくを焼いて悪臭を放ち、かつ狼藉を極め、満員の遊客をして退席を余儀なくさせた所為は本条五号等にあたらず、刑法の威力業務妨害罪が成立する（広島高岡山支判昭三〇・一二・二二高刑特報二追録・一三四二）。

（判決理由）

このように多数の客をしてその意思に反し強いてそこに踏み止り得ない心境に立ち至らしめたことは、とりもなおさず、被告人等が多数の客の意思を制圧するの勢力を示したということが出来るから威力を用いたということを妨げない。

しかも被告人等のこのような所為は前にも説示したように殊更外部からコンロと牛の内臓やニンニクのような特に臭気を放つ物を持込んで焼いたり、之を投げたりしたような事実から観察すると、偶然な機会に行われたものとは認め難くして、全く故意に多数の客の嫌悪する所為に出て以つてその営業を妨げる意図の下に行つたものと認められるから、所論のように軽犯罪法を適用すべき犯罪ではなくして、刑法第二百三十四条に定める威力を用いて人の業務を妨害したものに該当する犯罪と認めるのが正当である。

消灯の罪　（1条6号）

甲の自宅前の私道
毎日通るけど どこの娘かなあ？
きれいな娘だなあ。
しかし、A子はいつも冷淡な態度を示すので甲は、A子を困らせてやろうと考えた。
ある夜ー
タッ
タッ
タッ
突然同所にある3箇所の街灯をすべて消して路地を真暗くし、A子は突然の暗闇で極度の不安をつのらせた。
その後も度々このいやがらせを繰り返した。この街灯は、A子の他、不特定多数の通行人の利便を図るために、数年前、甲自身が設置し、所有管理しているものである。

一条六号　消灯の罪

正当な理由がなくて他人の標灯又は街路その他公衆の通行し、若しくは集合する場所に設けられた灯火を消した者

生徒　軽犯罪法の規定は本当に面白いですね。この規定も面白いですね。他人の電気を消したり、街路や公園の電気を無断で消した者を処罰の対象としているのですか。制定当時の世相は戦後の混乱期ですが、国民に対しそこまで法律をもって道徳心の向上を図る必要があったのですか。

教官　これについては、軽犯罪法の前身である警察犯処罰令を受け継いだものです。そしてその趣旨は、夜間における交通や集合の利便と安全を確保し、ひいては、暗い場所での非行の防止を図ることにあるのです。君が言うように、戦後の混乱期の国民の道徳心の向上と治安維持からすれば当然必要な規定ですね。

生徒　「他人の標灯を消した者」が対象ですが、私は先程、単に「電気」と言ってしまいましたが、

論点（ポイント）
- ○　正当な理由がなく
- ○　他人の標灯
- ○　公衆の通行し、若しくは集合する場所
- ○　灯　火

標灯とか灯火とは、電灯だけではないのですか。

教官　種類を考える前に、まず、「標灯」と「灯火」を区別しておく必要がありますね。つまり六号の前段と後段ですね。君の言った「他人の標灯を消した者」は前段ですね。君は標灯にはどんなものがあると思いますか。

生徒　玄関とか、表札を見やすくしている門灯、電気がつく表札の電灯等があると思います。

教官　前段でいう「標灯」というのは、標識つまり目印としての役目をする明かりのことをいうのです。ですから君の挙げたものはもちろんですが、交番の赤灯、ネオン等による広告等で、氏名や屋号等を表示してある場合も標灯に含まれます。そして前段は、「他人の標灯」ですから、自分以外の者が使用、管理するものであることを意味します。

生徒　自分の家の門灯が、玄関前を通行する人の足元の明かりになっていたとしても、自分の家の明かりですから消しても構わないのでしょう。

教官　構いません。でも消すことによって自分の家の防犯になりませんね。ただ、その門灯が後段の「公衆の通行し、若しくは集合する場所」

に設けられた灯火であれば、たとえ自分の門灯でも後段の適用を受けます。
生徒　後段は、公共の灯火を消した者が処罰されるのではないのですか。
教官　違います。前段は「他人の」に限定しておりますが、後段にはその限定がありませんから、他人の管理する灯火はもちろん、自己の管理使用するものも含まれるのです。例えば、団地の管理人が団地内や道路、公園、階段に設置された電灯を正当な理由なく消せば処罰されます。
生徒　ということは、後段は設置場所が要件の一つですね。「街路その他公衆の通行」は、いつも多数の人が通行に利用している道路等である必要がありますか。
教官　街路というのは市街地の道路で、多数人の通行に供される場所をいい、私道であっても構いません。また必ずしも現に人が通行している場合に限らず、平素多数の人が通行に利用する場所であれば足ります。
生徒　そうしますと、本事例のように、私道であって自分の門灯を消しても本号後段で処罰されるのですね。
教官　そうです。本事例の場合、当然多数の人がその私道を利用しておれば公衆の利用する場所ですし、動機がA子を困惑させるためであれば甲に正当な理由があったとは思えません。
生徒　設備を壊したり、電球を盗めば刑法の適用を受けることになりますね。
教官　そうです。本号と器物損壊罪、あるいは窃盗罪とは観念的競合の関係になります。

本事例のまとめ

甲が所有管理し、私道に設置した街灯を消す行為が、本号に該当するか否かがポイントである。本号前段の「他人の標灯」に当たらないことは問題ない。後段は他人の管理するものはもちろん、自分が管理又は使用するものでも、また、私道でも不特定多数の人が通行に利用する場所であれば、そこに設置された灯火は本号に該当することになる。また甲は、A子を不安に陥れるためという理由で路地の街灯を消したもので、その行為は、正当な理由に基づかない行為である。

以上のことから、甲は本号の刑責を負う。

犯罪事実の記載例

被疑者は、正当な理由がないのに平成○年○月○日午後○時ころ、○○市○○町○○番地先の街路に設置された灯火三基をそのスイッチを切って消し、もって公衆の通行し、若しくは集合する場所に設けられた灯火を消したものである。

水路交通妨害の罪　（1条7号）

甲は、釣りを趣味にしており、毎週のように自分の船外機付きボートで沖釣りを楽しんでいた。

このボートも古くなったし買い替えるか。

MOTOR BOAT
今までのボートの処分をどうしようかと考え、元の所有者が分からないようにして、漂流させてしまおうと決意した。

夜中に流してしまえば分からないぞ。

ある夜、甲はいつも自分が係留している乙川河口のボート置場に行き、係留を解いて漂流させた。

乙川は木材運搬船とか、釣船の通行に供される水路になっている。

一条七号　水路交通妨害の罪

みだりに船又はいかだを水路に放置し、その他水路の交通を妨げるような行為をした者

生徒　「みだり」という表現の解釈があいまいですね。

教官　これは違法性を表す表現で、社会的に正当な理由がない場合をいい、「むやみに」とか、「ところかまわず」とか、「公衆が迷惑することに構わないで」といった意味があります。

生徒　「水路」とは道路と同じ考えでいいわけですね。

教官　そうです。

水路とは一般交通の用に供される水面及びこれに接続する水中をいいます。

水上における交通の安全と円滑が、この規定の目的ですからね。ただ、船とか、いかだを放置することによって水上交通が妨害される蓋然性が必要ですから、広大な河川、海洋等は「水路」とはいえず、ある程度限られた川幅が必要ですね。

論点（ポイント）

- ○　みだりに
- ○　水路に放置
- ○　その他水路の交通を妨げる行為

生徒　ということは、「放置する」というのは道路でいう駐車禁止場所に車を駐車したり、停車したままにすることでしょうか。

教官　本号の「放置する」とは、船とか、いかだを管理使用する者が、それを水路においたまま現実の管理から離れることをいいます。駐車とか停車する行為が即「放置する」に該当するとは思いません。

生徒　水路に放置することが要件ですが、管理者の言い訳で「水路外で係留しておいたものが水路内に漂流した」と言う者もいると思いますが、これについてはどう考えますか。

教官　当然、管理者としては、漂流して水路に至ることを予見しながら、水路外に放置したものであれば、「水路に放置」したことになるでしょう。

生徒　後段の「水路の交通を妨げるような行為」とはどのようなことを指すのでしょうか。

教官　船又はいかだを水路に放置する行為以外の行為で、社会通念上妨害となる蓋然性の高い一

切の行為をいいます。

　例えば、水路に船を止めて釣をしているようなときは、場合によっては該当します。もちろん、現実に具体的な妨害の結果があったかどうかは本号の成否に影響ありません。

生徒　水路に材木とかドラム缶等を投棄する行為も該当すると思いますが、この行為は、廃棄物処理法にも該当すると思いますがどうでしょう。

教官　そうですね。水上交通の妨げとなるおそれがあると認められる行為にも該当します。この場合は、君の言うように両罪が成立し、観念的競合の関係になり本号は吸収されます。

本事例のまとめ

　甲は、自己中心的な考えで他人の迷惑はかまわないと思い、古くなったボートの係留を解いたもので、当然正当な理由があったとは解せない。また、たとえ水路に放置したものでなくてもよく、係留を解くことによって漂流して水路に至ることは予見できるものでも、「水路に放置」に当たる。乙川は、一般舟艇の通行に利用されている河川で「水路」に当たる。また、現実に妨害が生じたことは必要とせず、妨害となることの認識の有無も影響しない。

　以上のことから、甲の行為は本号の刑責を負う。

犯罪事実の記載例

　被疑者は、平成○年○月○日ころ、○○県○○市○○町○○番地先一級河川乙川水路上において、みだりに塩化ビニール製モーターボートを漂流させて放置し、もって水路の交通を妨げたものである。

変事非協力の罪（1条8号）

一条八号　変事非協力の罪

風水害、地震、火事、交通事故、犯罪の発生その他の変事に際し、正当な理由がなく、現場に出入するについて公務員若しくはこれを援助する者の指示に従うことを拒み、又は公務員から援助を求められたのにかかわらずこれに応じなかつた者

論点（ポイント）
- ○　正当な理由がなく
- ○　公務員若しくはこれを援助する者
- ○　拒む
- ○　応じない

生徒　本号は、公務員の命令に従えと言わんばかりの感じがしますが、教官はどう感じますか。

教官　本号は、君の考えるような命令規定ではありません。何事か変事があったとき、市民が協力しあって災害の拡大防止や被害者の救助等に当たったり、公務員の活動を援助することは、通常の道徳心を持つ人であれば進んでこれに当たることでしょう。本号は、常識人として遵守すべき最小限度のものを規定し、刑罰をもってその遵守を担保しようとしたものです。

生徒　市民はどんな指示でも、どんな援助の要求にも応じる法律上の義務が生じるのですか。

教官　刑法の消火妨害罪（一一四条）は、火災発生場所の居住者、勤務者、消防吏員等法律上直接に消火義務を負う者の不作為（作為義務違反）を処罰していますし、消防法は二五条で、消防作業に協力義務を課しています。もちろん本号の規定は、現場の出入りについての指示に従うことを拒み、又は援助を求められたのにもかかわらずこれに応じなかった場合ですが、いずれの場合でも適法な指示であり、あるいは適法な援助の要求であることが要件です。それに、求める援助は当該変事に関連した職務に対する援助に限られることは言うまでもありません。

生徒　「現場に出入するについての指示」は、法令の明文上で公務員の職務として指示権があるものに限られるということですか。

教官　今説明したように適法な指示でなければなりませんが、それのみではありません。法令上、当然変事に際しての公務員の職権行使が認められている結果、条理上当然に必要に応じて指示することが許されている場合も適法な指示です。

生徒　明文上、どのような法律がありますか。

教官　警察官職務執行法四条に「避難等の措置」として、天災等危険な事態が発生した場合、危険防止等のため、危害を受けるおそれのある者に対し、引き止めたり、避難させることのできる規定があります。また、災害対策基本法六三条では、災害が発生した場合とか、そのおそれがある場合において、市町村長に対し住民の立退きに関する指示権を与えています。

生徒　それで一九九一年六月、長崎県島原市の雲仙普賢岳の火山爆発に伴う火砕流の発生で住民が避難したわけですね。それ以外では、現場に出入りすることについての指示を認めた法令はどんなものがありますか。

教官　海上保安庁法、消防法、水防法、感染症の予防及び感染症の患者に対する医療に関する法律、道路交通法、刑事訴訟法等があります。

生徒　でも、教官の言われた法律の中には処罰規定があるものもありますね。

教官　当然処罰規定があるものについては、それぞれの規定で処罰されますから本号の適用はありません。

生徒　そうしますと、雲仙普賢岳の火砕流の発生で島原市長が立退き指示をしましたが、住民が指示に従わなかった場合は災害対策基本法で処罰の対象とされるのですね。

教官　可罰性は別として、処罰の対象となります。

生徒　普賢岳の場合とか、本事例のようなときに警察官とか地元の消防団員の指示に従う必要はないのですか。

教官　そうではありません。警察官の正当な職務執行として避難のための措置として立退き指示権がありますし、市長は消防団員に職務を行わせることができますので、その地域の住民はその指示に従わなければなりません。君は、本事例のA消防士は本号の前段の公務員に当たるか、それとも後段の公務員に該当するか、どちらだと思いますか。

生徒　よく分かりません。

教官　Aは、後段の公務員に該当します。前段は「現場に出入りするについての指示」を行う公務員若しくはこれを援助する者で、後段は「援助を求める」公務員です。

生徒　甲は自宅前の通路に車を止めておき、A消防士に車の移動を求められ、つまり消火活動がスムーズにできるように協力援助を求められたにもかかわらず、これに対して正当な理由がないのにこれに従わなかったのですね。

教官　そうです。

生徒　この場合、公務員以外の人が甲に援助を求めても、これに従う必要はありませんね。

教官　そうですね。

生徒　その公務員ですが、刑法七条の公務員のほか「みなす公務員」も含まれますか。

教官　含まれます。でも本号の性質上、適法に指示したり、援助を求めたりすることのできる立場の者でなければなりません。

生徒　「従うことを拒む」ということは、立入りを禁止した場所に、指示に反して立ち入ったことで処罰の対象となることは理解できますが、後段の「応じない」とは、援助を求められたにもかかわらず、その場ではこれに応じず、関わりになりたくないという気持ちから、立ち去ったり、その場で傍観している場合も含まれるのですか。

教官　「従うことを拒む」とは、指示に従わない意思を積極的に表示して、あるいは指示に反する行動をすることによって指示に従わない趣旨を外部的に明らかにすることをいいます。ですから不作為犯ではなく作為犯ですね。それと、どんな場合でも処罰されるのではなく、「正当な理由」があれば処罰されません。どのような理由が正当かは、その場の状況とか、社会通念により決められるものでしょう。君の言うその場で傍観していたときや、立ち去った場合は「応じない場合」に該当して処罰の対象となります。

生徒　刑法に消火妨害罪とか、水防妨害罪がありますが、これらに該当すれば本号は該当しませんね。

教官　そうです。これらの補充規定ですからね。

本事例のまとめ

甲の行為は、刑法上の消火妨害罪、消防法違反の成立が考えられるが、消火妨害罪は、法律上、直接に消火義務を負う者の不作為（作為義務違反）によって成立するが、甲は消火義務を有する者ではない。消防法は消火活動の円滑な遂行を図るため、これに対する妨害行為を罰するもので、刑法の補充規定である。消防法の妨害行為は三種類に限定されており、甲の行為はいずれにも該当しない。甲の行為は、消火活動妨害発生の可能性があるとしても、その程度は極めて軽微であるので、当該行為を直ちに鎮火妨害行為と解するには無理がある。甲は消防士Aの「車を移動してと消火活動に協力してほしい」という援助依頼に正当な理由もなく、これに応じなかったものである。

以上のことから、甲の行為は本号の刑責を負う。

犯罪事実の記載例

被疑者は、正当な理由がないのに、平成○年○月○日午後○時ころ、○○市○○区○○町○○番地○○○○方の火災現場において、現場付近の交通整理に従事していた○○市消防署消防士Aに車の移動要請の援助依頼を求められたのにもかかわらずこれに応じなかったものである。

火気乱用の罪 （1条9号）

甲は久し振りの休日を利用して部屋の整頓をした。
日頃整頓をしていないのでダンボール一杯のゴミが出たので、外で燃やすことにした。
ちょっと風があるけど大丈夫だろう。
甲は最後まで燃え終るのを確認することなく、燃え上がった状態のままでその場所を離れた。

一条九号　火気乱用の罪

相当の注意をしないで、建物、森林その他燃えるような物の附近で火をたき、又はガソリンその他引火し易い物の附近で火気を用いた者

生徒　本号は「火気乱用の罪」ですが、これを見ますと「相当の注意をしないで」とか、「燃えるような物」とか、それに「火をたき」とか「火気を用い」とか、何かあいまいな表現で構成されていますね。

教官　そうですか。

生徒　そうですよ。言いたいことは分かりますよ。要するに火災予防のため延焼とか引火する危険のある行為を禁止しているわけですね。

教官　そう、抽象的危険性のある行為を禁止しているものなのです。

生徒　教官の言い方もあいまいですね。

教官　でも、規定の中身を一つひとつ分析していけば理解できますよ。

論点（ポイント）

- ○　相当の注意をしないで
- ○　燃えるような物・引火し易い物
- ○　火をたき又は火気を用い

生徒　それではまず、行為の場所ですが、「建物、森林その他燃えるような物の附近」と「ガソリンその他引火し易い物の附近」ですが、建物、森林は別として「その他燃えるような物」とはどの程度の物までいうのですか。

教官　「その他燃えるような物」とは、建物、森林以外の可燃物一般をいいます。ですから、必ずしも燃えやすい物でなくてもかまいません。ただ解釈として理解する場合、いかに燃えやすい物、例えば、数枚の紙片とか、一、二片の木片で、それに延焼しても公共の危険が発生するおそれのないものは、ここでいう「燃えるような物」には当たらないことを理解しておく必要があります。

生徒　それでは、「その他引火し易い物」とはガソリン以外では、アルコール類、油類が含まれると思いますが。

教官　そうです。火薬類、ガスも含まれますね。

生徒　「附近」という表現もあいまいな感じですね。この場所までというように距離で決まらないものと思いますが、どの程度までをいうのですか。

教官　もちろん、距離で決まるものではありません。延焼なり、引火の危険性がある場所までと理解してください。

生徒　それと、「火をたく」行為と「火気を用いる」行為との区別が分かりません。

教官　君は確かタバコを吸いますね。

生徒　はい。まさかタバコを吸ってはいかんとかライターを使ってはいかんと言うのではないでしょうね。

教官　そんなことは言いません。でも健康のためには吸わないほうがいいですよ。火を発生させる一切の行為を「火気を用いる」といい、「火をたく」とは、今言った行為、つまり、ライターに火をつけることによって、その火気をある程度独立して多少継続的に燃える状態におく行為をいうのです。

生徒　なるほど、ということは木塀とか垣根の近くでたき火をしようと思ってマッチを擦ったり、ライターに火を付けてもまだ薪そのものに燃え移っていなければ、「火気は用いた」けれど「火をたいた」とはいえないのですね。

教官　そうです。しかも「火をたく」にしろ、「火気を用いる」にしろ、一般常識人として考えられる程度の注意を払わなかったことが本号の要件ですから、逆に言えば「相当の注意」を払っていれば本号の罪は成立しないことになります。

生徒　「相当の注意をしない」とは、具体的にどの程度の注意なら相当の注意をしたことになるのでしょうか。

教官　本号の「相当の注意」は、「火をたく」と「火気を用いる」の双方にかかる文言で、今話したように通常人に一般的に期待される程度の注意を払わないことを意味します。例えば、水とか砂を手元におくとか、火勢が強くならないように気をつけることは注意を払っているといえます。一〇号、一一号にいう「相当の注意をしない」と同意義ですね。

生徒　ライターに火を付けた理由はともあれ、その場所がガソリン等引火しやすい物のある場所であれば、当然火を付ける者は、その場所から離れて火気を用いる等の注意をする必要があると、この規定は訴えているのですね。

教官　そうです。仮に火をたき、又は火気を使用することについて正当な理由があったとしても、相当な注意を払わない限り本号は成立します。逆に正当な理由がなくても相当の注意を払っておれば本号は成立しません。

生徒　教官、これは過失犯と思いますが、過失犯というと結果の発生を要件としていますが、本号は結果の発生は必要ないのですか。

教官　君の言うように、一般的には結果の発生を要件としていますので、本号は本来の過失犯ではないのですが、過失責任の理論は適用されます。
生徒　例えばどういうことですか。
教官　数人がいずれも相当の注意をしないで火をたいた場合、それらの者は共謀共同正犯を問擬せず、過失競合の問題として論議されます。
生徒　当然、本号の行為の結果、他人の建物に延焼させた場合は失火罪等が成立し、本号の適用はありませんね。
教官　そうです。それらの罪に吸収されますね。それに消防法に「火遊び、喫煙、たき火等の禁止若しくは制限に関する命令に従わなかつた者」は罰金又は拘留に処せられる規定（消防法四四条一号）がありますが、本号に対しては特別規定の関係にあり、その罪が成立する場合は本号の適用はありません。

本事例のまとめ

風のある日に消火用水を用意するとか、その場において火勢に注意しながら燃やすという行動をすることなく、燃えやすい物の近くで火をたく行為は、相当の注意を怠った行為であるといわざるをえない。たとえ火をたく行為が正当な理由に基づくものでも、相当の注意を払わない限り本号は成立する。

以上のことから、甲の行為は本号の刑責を負う。

犯罪事実の記載例

被疑者は、平成○年○月○日午後○時ころ、○○市○○町三丁目七番地○○荘先路上において、消火用の水を用意するなどの措置を講じないで紙屑、ダンボール等を燃やし、もって、相当の注意をしないで燃えるような物の附近で火をたいたものである。

●参考判例●

本条九号にいわゆる「相当の注意」とは、「通常人に一般的に期待される程度の注意」と解される（東京地判昭五二・三・七判時八五七・一二〇）
（判決理由）
しかしながら、右一条九号にいわゆる「相当の注意」とは、「通常人に期待される程度の注意」と解せられるところ、前掲各証拠によれば、被告人は判示花壇脇においてたき火をする際、消火用の水を用意することなくまた右消火用の水がどこで入手できるかについても事前に確かめず、漫然折からの寒さから暖をとるため新聞紙等を拾い集めてたき火をしたものであつて、付近建物への延焼の危険の有無について考え、あるいはこれが防止にことさら気を配り、注意を払つた形跡は窺われないから、右は相当の注意をしないでたき火をしたというになんら妨げなく、この点に関する弁護人の主張も採用することができない。

爆発物使用等の罪　（1条10号）

一条一〇号　爆発物使用等の罪

相当の注意をしないで、銃砲又は火薬類、ボイラーその他の爆発する物を使用し、又はもてあそんだ者

生徒　この一〇号も前号の「火気乱用の罪」と内容が似ていますね。
教官　前号は危険予防ですが、本号は危害予防が制定の趣旨です。
生徒　銃砲は、銃砲刀剣類所持等取締法二条一項にいう「銃砲」だと思いますが、「爆発する物」とは火薬類、ボイラーその他にどんな物がありますか。
教官　爆発物取締罰則にいう「爆発物」がこれに当たることは問題ありませんが、火炎ビンやガソリンの入ったポリタンクのように、爆発とか、これらに類する作用によって誘引された急激な燃焼作用によって相当の破壊力を発揮する物、「ボイラー」でも分かるように、破裂して相当の破壊力を発揮する物、例えば酸素ボンベや圧縮ガスを入れた容器といった物が該当します。

論点（ポイント）

○　相当の注意をしないで
○　その他の爆発する物
○　もてあそぶ

生徒　劇薬品は該当しますか。
教官　当然該当します。
生徒　本号の行為は、前号と同様の意味で、本来の用法に従って使用したり、取り扱っても「相当の注意をしないで」取り扱えば違反になるのでしょうか。
教官　そうです。そして「相当の注意をしないで」は、後段の「もてあそんだ」にもかかる文言です。
生徒　「使用する」とか「もてあそぶ」はどのように定義されますか。
教官　「使用する」とは、本来の用法に従って取り扱うことをいい、「取扱い」とほぼ同じ意味です。
「もてあそぶ」とは冒険心、好奇心、いたずら等で本来の必要がないのにこれを取り扱う行為を意味します。
生徒　「使用したり」、「もてあそんだり」した結果、人を傷付けたり、爆発させた場合は傷害罪なり、激発物破裂罪が成立して本号は吸収され

ますか。

教官　はい、吸収されます。本号の行為が同時に銃砲刀剣類所持等取締法とか、火薬類取締法の規定に当たる場合は両罪が成立し、観念的競合の関係になります。

生徒　教官の言われる関係は、次号の「危険物投注の罪」で考えると道路交通法違反との関係と同様ですね。

教官　そうです。君もなかなか難しい言葉を知っているね。「投注」とは。

生徒　いえいえ、教官、私が持っている六法に書いてあり、それをカンニングしたのです。

教官　やはりそうか。君にはできすぎだと思ったよ。

生徒　すみません。でも教官の試験はカンニングをしたことはないですよ。

教官　君を信用しよう。

本事例のまとめ

甲の行為は、実包を装塡したまま、しかも安全装置を施すことなく引き金に指を掛け、高校生の息子に猟銃の使用方法を教えていた際の暴発事案であり、当然銃の保有者であれば厳守しなければならない基本的な取扱いや注意、つまり銃の保管は猟銃から実包を抜き、各別に保管するとか、銃の手入れは実包を装塡してはならない等の注意義務を怠り、また甲は、本来猟銃を取り扱うことのできない一八歳未満の高校生に取扱い方法を教示していたものであり、本号のもてあそぶ行為に当たるものである。

以上のことから、甲の行為は本号の刑責を負う。

犯罪事実の記載例

被疑者は、平成○年○月○日午後○時ころ、○○市○○町○丁目○番地の自宅において、散弾入り実包を装塡し、安全装置を施していない猟銃で撃ち方の姿勢を繰り返すなど漫然と猟銃を発射し、もって、相当の注意をしないで銃砲を使用したものである。

危険物投注の罪 （1条11号）

甲は毎夜、仕事から帰ってくると必ず隣家乙の飼い犬が、自分の姿を見ては、大声で吠え続けることを快く思っていなかった。

毎晩毎晩うるさい犬だ。

今に見てろ。

ある夜
チキショー頭に来た。

バカ犬ヤカマしい！

一条一一号　危険物投注の罪

相当の注意をしないで、他人の身体又は物件に害を及ぼす虞のある場所に物を投げ、注ぎ、又は発射した者

教官　本号の趣旨は、他人の身体や物の安全を害する危険性のある行為を禁止したものです。

生徒　教官、その行為を行った場所と行為の種類が限定されていますね。他人の身体又は物件に害を及ぼすおそれのある場所に、物を投げたり、物を注いだり、物を発射することが処罰の対象ですが、場所は当然公共の場所に限りますよね。

教官　君の解釈は間違っているよ。公園内でキャッチボールをすると処罰されますか。

生徒　いえ、されません。

教官　そうだろう。本号は「場所に」とあるから、これは場所に向かってという意味なんだ。

生徒　そうしますと、既遂は物を投げ、注ぎ、発射行為をした時点ですね。

論点（ポイント）

○　相当の注意をしないで
○　害を及ぼす虞のある場所
○　物を投げ、注ぎ、又は発射する

教官　そうです。害を及ぼすおそれのある場所に向かって投げたりすれば足ります。「害を及ぼす虞」とは、物を投げたりすることによって、直接その物が他人の身体又は物件に当たるようなおそれのみでなく、通行人が滑って転ぶとかのおそれがある場合も含みます。

生徒　例えば家の中から道路に向かって投げたのに、自分の庭に落ちた場合はどうなりますか。

教官　可罰性の問題ですが、たとえ自宅の庭であっても「虞のある場所」に該当します。それ以外の場所には公道、広場、公園、それに単に地域のみを指すのではなく、今話したように邸宅、その他の建造物の中も含まれます。

生徒　確かに家族が生活している場所ですから、そこに物を投げたりすれば危険ですので該当することは分かりましたが、本号の条件である「他人の」の中に自分の家族は含まれるのですか。また、本事例のように、動物に向けられた行為も当たりますか。

教官　他人とは、自分以外の自然人、法人、国又は公共団体や公益・一般財団あるいは社団も含

まれますので、当然、自分の家族は含まれるものと解されます。「物件」は、動産及び不動産を意味し動物も含まれます。当然、「虞のある場所」となります。

生徒　他人が通行する歩道にバナナの皮数枚を投げ捨てる行為は本号の「物」に該当しますか。

教官　「物」は、その種類の如何を問いません。しかし、全く他人の身体や物件に害を及ぼさない物は該当しません。バナナの皮は当然該当します。

生徒　本号の「相当の注意をしないで」は前号や前々号と同様の意義ですね。

教官　一定の具体的状況の下において一般通常人が期待し得る注意のことですので、一概には難しいです。例えば、見通しのきく路上で人のいないことを確かめて小石を投げた場合は、相当の注意を払ったものといえますね。

生徒　教官、先日こんなことがあったのです。私と友人が公園を歩いていたら、野球場の方からボールが転がってきたので、友人がそれを拾い上げ野球場に投げ返したのですが、手元が狂って公園で遊んでいた子供の頭に当たってしまったのです。こんな場合も本号に該当しますか。

教官　本号の成立は他人の身体又は物件に害を及ぼすおそれのある場所に向かって物を投げたりする場合に、相当の注意をしなかったことにより成立するものですので、君の友人は害を及ぼすおそれのある場所を目標に投げたのではないでしょう。

生徒　ええ、野球場の選手に返すつもりで投げたのです。

教官　そうであれば本号に該当しません。でも自分はボール投げが不得意でどこへ飛ぶか分からず、通行人に当たるかもしれないと未必的にせよ予見していたとすれば、本号に該当することになります。

生徒　車の中から道路に空き缶や空瓶を投げることが本号に当たることも理解できました。これは道路交通法違反でもあると思いますが、本号とは観念的競合ですね。

教官　そうです。

本事例のまとめ

甲は、他人の敷地内に石を投げ込んだもので、直接その物が隣家の住人に当たるとか、器物を損壊したという結果は本件の成立には影響がない。また、必ずしも庭内に落ちる必要もない。甲は、隣家の敷地内の飼い犬を目がけて石を投げたもので、他人の身体又は物件に害を及ぼすおそれのある場所に向かって投げたことの認識をもっての行為である。甲に相当の注意があったとは解せない。

以上のことから、甲の行為は本号の刑責を負う。

犯罪事実の記載例

被疑者は、平成○年○月○日午後○時ころ、○○市○○町○○番地○○方南側路上から同人方庭先に人の居ないことを確認しないで、同所に拳大の石塊一個を投げ込み、もって相当の注意をしないで他人の身体又は物件に害を及ぼす虞のある場所に物を投げたものである。

危険動物解放の罪　（1条12号）

甲は、動物好きが仕事となり、いわゆる子供移動動物園を経営し、各地で興行しているものである。

動物は人気者のチンパンジー、アヒル、ロバ、熊等のほか、コブラショーに使うコブラ2匹も飼育している。

A団地で興行中、コブラの畜舎の鍵を掛け忘れ、コブラ2匹を団地内に逃がしてしまった。

コブラがいない逃げたことが知れたらここでは仕事ができなくなる。

何とか探さなきゃ。

おーい コブラの ミーちゃん！ ジュンちゃん！

6時間後
申し訳ありません。

一条一二号　危険動物解放の罪

人畜に害を加える性癖のあることの明らかな犬その他の鳥獣類を正当な理由がなくて解放し、又はその監守を怠つてこれを逃がした者

生徒　教官、今まで軽犯罪法を勉強してきて感じたことですが、本当に私たちの身近での出来事で、社会一般の常識に反する行為、道徳に違背する行為を処罰する法律であることが分かりました。

教官　まさにそうですね。この法律は国民の道徳心を養い、重大犯罪の未然防止を期することを目的とするものですからね。一二号もその意味では、動物の管理責任を担保しているものです。君は本号の「人畜」とは、人以外にどんな動物類を思い出しますか。

生徒　「畜」は家畜類の動物をいうと思いますので、牛、馬、ろば、山羊、豚、犬、猫等がこれに当たると思います。鳥類が含まれるとするなら鶏、アヒルでしょうか。

論点（ポイント）

○　人畜に害を加える性癖
○　正当な理由がなく
○　解放し、又は監守を怠って逃がす

教官　「人畜」とは、人と家畜をいいます。家畜とは人に養われ、飼われている動物をいいます。では、趣味で狸とか狐を飼育している人もいますが、これらの動物は含まれると思いますか。

生徒　家畜とはいわないでしょう。

教官　そうですね。たとえペットとして飼われていても狸とか狐は家畜とはいえません。それに金魚や熱帯魚等の魚類も当然家畜とはいえません。

生徒　ということは、犬を解放してそれらの動物や金魚等に害を加えても本号は成立しないわけですね。

教官　そうです。刑法の器物損壊罪が成立し本号は同罪に吸収されます。

生徒　本号はその人畜に「害を加える性癖のある」とありますが、「害」は生命、身体に対する危害だと思いますが、「性癖」はそれぞれの鳥獣類が持っている性格、性質をいうのですね。本事例のコブラはまさに危害を加える毒を持っている爬虫類ですね。

教官　そうですね。「害」については、私も君と同

じ意見ですが、精神的な不快感情も含むという意見があります。「性癖」ですが、ライオンや熊のように、本来持つ先天的な性格と、闘犬のように後天的な性格とがあります。
生徒　訓練によって性格の備わる警察犬や、病気による狂犬は後天的なものですね。
教官　ええ、そうです。しかも解放したり、逃がした者は最初からそのような性癖の鳥獣類であることを認識していることが必要です。
生徒　どの程度の認識でいいのですか。
教官　本号は「性癖のあることが明らかな」とあるように、例えば、「この犬は離すと人に飛び掛かる性格がある」ことを承知していることが必要です。
生徒　ということは、「危害を与えるかもしれない」程度ではいけないのですね。
教官　そういうことですね。
生徒　行為は、教官が言われたように「正当な理由がなくて解放する、又は監守を怠って逃がす」ことですが、前段は故意犯で、後段が過失犯ですね。
教官　そうです。前段は、扉を開けるとか、鎖を外し動物を自由にすることで、後段は監守を怠るという過失で動物を自由にすることです。
生徒　自宅の庭の中で泥棒防止のために、犬を放し飼いにしておくのはどうですか。いけないような気がしますが。
教官　本号に照らして考えると、まず前段の行為に該当するかどうかです。一つは、犬を解放した理由が正当な理由に当たるかということ、二つめは、自宅の庭でも自由にしたことになるかということを検討する必要があります。
生徒　正当な理由があるか否かは、社会常識的に考えて判断されるものと思いますから、犯罪の発生状況、行為者の動機、目的、犬の狂暴性等から考えると一概にはいえないと思います。でも、この場合は正当な理由に当たるとは思えません。
教官　二点目はどうですか。
生徒　庭の中のみであれば本号の解放には当たらないと思います。
教官　ところが、解放するということは、鎖を解くとか、檻の扉を開ける等の積極的な行為をいいますから、たとえ外部から遮断された庭の中でも本号の成立には影響ありません。
生徒　一点目の説明がまだですよ。
教官　一点目は君の言うとおりでいいんです。
生徒　教官に誉めていただくことは久し振りです。ということはこの場合の犬の放し飼いは処罰されることになりますね。

教官　君、早合点はいかんよ。「正当な理由」は社会常識的に考えて判断する必要があると君が説明したばかりだよ。

生徒　分かりました。軽率な結論でした。ところで教官、以前見た映画ではドーベルマンという犬を訓練して、人を噛み殺させるシーンがありましたがこれはもう殺人ですね。

教官　犬は訓練次第でいくらでも人間の手足として使えますからね。犬に殺意があったとは思えませんので、その行為者に殺意とか傷害の意思があれば、殺人罪なり、傷害罪が成立して本号は吸収されます。

生徒　私が住んでいる市では、飼い犬の取締条例があり、放し飼いにすると処罰されますが、その条例と本号との双方に触れる場合は観念的競合の関係になるわけですね。

教官　そうです。

本事例のまとめ

コブラは強烈な神経毒を持ち、人畜に対し危害を加える本来的性癖を有していることから、本号の客体に該当することは明らかである。当該コブラが、甲によりショー用動物として飼育管理されていたことも明らかである。当然甲は、コブラが人畜に害を加える危険な爬虫類であることを認識している立場にある。また甲は、鍵の掛け忘れという過失により逃がしたもので、「監守を怠ってこれを逃がしたもの」に当たることは明白である。

以上のことから、甲の行為は本号の刑責を負う。同市に動物の保護育成に関する条例の制定がなされ、同条例の処罰規定に該当すれば、両者は観念的競合の関係になる。

犯罪事実の記載例

被疑者は、平成○年○月○日午後○時ころ、○○市○○町○丁目○番地A団地において、人畜に害を加える性癖のあることの明らかなコブラ二匹を監守を怠りこれを逃がしたものである。

●参考判例●

本条一二号にいう「人畜に害を加える性癖のあることの明らかな鳥獣類」とは、その鳥獣類が人畜に害を加える性癖を有し、かつ右事実が社会通念により明らかである場合を指すと解すべきであるところ、本件虎は、生後一一箇月余の子虎であるとはいえ、人畜に害を加える性癖があり、そのことが社会通念により明らかであるから、これに該当する（東京高判昭五八・一〇・六高刑速報（昭五八）一五九）

行列割込等の罪（1条13号）

一条一三号　行列割込等の罪

公共の場所において多数の人に対して著しく粗野若しくは乱暴な言動で迷惑をかけ、又は威勢を示して汽車、電車、乗合自動車、船舶その他の公共の乗物、演劇その他の催し若しくは割当物資の配給を待ち、若しくはこれらの乗物若しくは催しの切符を買い、若しくは割当物資の配給に関する証票を得るため待つている公衆の列に割り込み、若しくはその列を乱した者

生徒　教官、この規定は、「割当物資の配給」とか、「割当物資の配給に関する証票を得るため」とか、何やら時代を感じさせるものですね。

教官　そうですね。この規定も軽犯罪法の前身である警察犯処罰令に登場し、本号が受け継いだものですが、立案者は戦後のとかく心がすさみがちだった情勢の中で、国民の道徳心を維持させる必要があると考えたのです。

特に君の言うように割当物資の配給という言葉は時代を感じさせるものがあります。

生徒　本号は、公共の場所で多くの人に迷惑をかけたり、行列の秩序を乱すような行為は、とかく紛議、混乱の原因となるのでこれらの行為を処罰の対象としたのですね。

教官　そうです。条文が長いのでよく整理して理解する必要がありますね。まず前段と後段に分けてください。

生徒　前段の規定は、公共の場所で、多数の人に対して著しく粗野又は乱暴な言動で迷惑をかける行為です。

教官　これを読んで何か気がつきませんか。

生徒　確か五号の「粗野乱暴の罪」で勉強した要件に似ていると思いました。同じということはないですよね。

教官　それはないですよ。五号を思い出してごらん。

生徒　ええと五号は、「公共の会堂、……において、入場者に対して著しく粗野……」と、「汽車、電車、……乗客に対して著しく」とあります。

分かりました。行為の客体が違います。

論点（ポイント）

○　公共の場所又は公共の乗物

○　粗野又は乱暴な言動で迷惑をかける

○　威勢を示す

教官　よく気がついたね。そうです。本号と五号は罪質を同じにしていますが、前に勉強したように五号は入場者や乗客の一人に対して行われた場合に成立するのに対し、本号は多数人に対して迷惑を及ぼすことを要件にしています。

生徒　行為の場所は公共の場所で、これは「不特定かつ多数の人が自由に出入りできる場所」と解していますが、五号より範囲は広いですね。

教官　そうです。五号は「一定の場所」での行為ですからね。

生徒　「公共の場所」の典型的なものは道路、公園、駅等ですが、五号の会堂、劇場、飲食店等も含みますね。

教官　当然ですね。

生徒　そうしますと、五号の公共の場所で本号の行為をすれば、五号と本号の両方の適用を受けると思いますがどうなりますか。

教官　本号前段は一般規定であるのに対して、五号は特別規定の関係になりますので五号の適用を受けることになります。

生徒　二人でも多数といえるのでしょうか。

教官　二人以上であれば足りるという説もありますが、迷惑を受けた者が二人だけでは「多数」とはいえないと思います。五人以上と解して下さい。
といってその場所の全員又は大多数の者が迷惑を受けたという結果は必要ありません。
それと「著しく粗野若しくは乱暴な言動」の意義は五号と同意義です。

生徒　次は後段の罪ですが、よくいますよね。行列を作って待っているのに割り込みをする奴が。本当に腹が立ちますよ。

教官　その腹立たしさがその場所の平穏と安全を害し、混乱を招くことになるのです。ところで、この後段も整理してください。

生徒　そうですね。六つのパターンに分けることができると思います。

①　汽車、電車、乗合自動車、船舶その他公共の乗物を待っている公衆の列

②　これらの乗物の切符を買うために待っている公衆の列

③　演劇その他の催しを待っている公衆の列

④　これらの催しの切符を買うために待っている公衆の列

⑤　割当物資の配給を待っている公衆の列

⑥　割当物資の配給に関する証票を得るために待ってい

る公衆の列
となります。

教官　いずれの場合でも「公衆の列」と規定しているように、多数人に対して迷惑を及ぼす行為を禁止しています。

生徒　最近は海外旅行ブームで空港は混雑しています。搭乗手続の受付も長い列を作っていますが、飛行機は本号に列記されていませんが当然「その他」に含まれますよね。

教官　この立法当時は空港で人が並ぶということは予想していなかったのではないでしょうか。
　飛行機が「その他」に含まれることは言うまでもありません。

生徒　「催し」は、パチンコ店の新装開店も含まれますね。開店を待つファンは目の色を変え血走っていますから怖いですよ。

教官　積極的に解してもよいと思います。

生徒　その次の「割当物資の配給」は、今や有名無実ですね。

教官　立法当時の社会情勢から最も重要と思うものを規定したのですが、社会の変化につれて順次改正をする必要がありますね。

生徒　本事例の成否は、タクシーが「公共の乗物」に当たるかどうかですが、私は含まれると思います。
　タクシー待ちには、本事例のようなトラブルがよくありますね。

教官　今やタクシーは、大衆の足として広く公衆に利用されており、なくてはならない乗物で、公共性が高く、「公共の乗物」に当たると思います。
　当たらないと解する法律家もいますが、これらの人は「公共の乗物とは不特定多数の人が同時に利用できる乗物」と解釈しています。
　しかし、確かに同時に多数の人は利用できませんが、不特定多数の人を乗客の相手として営業している以上、公共の乗物と解しても問題はないと思います。ですから、これを待つ行列も本号に該当する行列であると思います。本号の趣旨は公衆の日常の社会生活における秩序の保護にあるわけで、善良に整然と並んでいる行列を無法に乱し混乱させる行為は当然処罰の対象です。

生徒　行為は、威勢を示して行列に割り込んだり、行列を乱すことですが、「俺のやることに文句があるか」とか、事例のように、すごんで「お前ら俺の後にしろ」等と言って、今にも殴りかかるように、にらみつけることをいうのですね。
　そうすると、刑法の脅迫に該当するような気がしないでもないですね。

教官　本号の行為は、もしもその者の要求に従わず、又はその者の行動を阻止しようとすればなんらかの危害が加えられるか、迷惑を受けるだろうとの印象を与える態度を示すことをいいます。いずれにしても、刑法の脅迫に至らない程度のものです。その域を超えれば刑法で問擬することになります。

生徒　ということは、「すみません。急いでいますから」とか、「電車に間に合いませんので」等と嘘を言って行列に割り込むことは本号の行為に当たらないのですか。

教官　そうです。「威勢を示す」には当たりませんね。また、「割り込む」とは列をつくっている人の意思に反して本事例のように先頭に入り込んだり、中間に入ることをいい、一部の人に同意があっても、他の人の不同意があれば「割り込み」に当たります。

生徒　迷惑行為防止条例との関係はどうなりますか。

教官　観念的競合の関係です。

本事例のまとめ

本号の趣旨は、公共の乗物等に乗車するために待っている行列そのものの秩序の維持を目的の一つとしており、本事例は、タクシーが公共の乗物か否かによって成否が分かれるものと解する。タクシーは、大衆の足として広く利用されている乗物であり、公共の乗物と解する。よってタクシー待ちの行列は本号の行列に当たる。

以上のことから、甲の行為は、肩をいからすなどの威勢を示して行列に割り込んだもので、本号の刑責を負う。

犯罪事実の記載例

被疑者は、平成○年○月○日午後○時ころ、○○市○○町○丁目○番地○○駅前タクシー乗場において、タクシー待ちをしていたA子ほか○○名に対し「お前らは俺の後にしろ。分かったか」等と大声で怒鳴りながら、威勢を示して行列に割り込んだものである。

静穏妨害の罪　（1条14号）

スナック経営者甲は、連日深夜までカラオケの音を大きくして営業していた。

KARAOKE
あのスナック何とかしてください。

その度交番の警察官が再三にわたって甲や従業員に注意をしている。

近所で苦情が出ています音量を下げてください。

分かりました。今後気をつけます。

と言って、ボリュームを下げるが、翌日になるとまた音量を上げて営業を繰り返していた。

一条一四号　静穏妨害の罪

公務員の制止をきかずに、人声、楽器、ラジオなどの音を異常に大きく出して静穏を害し近隣に迷惑をかけた者

生徒　本号は、日常生活の平穏を乱す騒音を防止しようとするものですね。

教官　そうです。その行為は、①公務員の制止を聞かない、②人声、楽器、ラジオ等の音を異常に大きく出して静穏を害する、③近隣に迷惑をかける、の三つの要件が必要です。

生徒　公務員の注意とか、警告は制止行為に該当しますか。

教官　多数の人が騒いでいる場合に、拡声器等で騒ぎを止めるように注意し呼びかけることは「制止」です。昭和二七年三月東京高裁の判決ですが、「被告人が、警察官から異常に高音の放送をしないように注意を受けたことは明らかであり、かかる注意は軽犯罪法一条一四号に該当する」として、被告人のいう、「注意を受けたが制止を受けたことがない」との主張を採用していません。

論点（ポイント）

○　公務員の制止
○　音を異常に大きく出して静穏を害し
○　迷惑をかける

生徒　分かりました。それと公務員の制止を「きかずに」が条件ですので、行為者なり、従業員が制止を受けたことの認識が必要ですね。

教官　そうです。必ずしも経営者本人に直接告げる必要はありませんが、従業員が制止を受けたことを知りながら、これを無視してあえて高音を出せば本号の適用を受けます。本事例のように、一度注意され音量を低くしても、すぐ高音に戻しこれを繰り返せば「きかず」に当たります。

生徒　本事例のようにスナックのカラオケも安眠妨害ですよね。

教官　カラオケに限らず、すべての音が本号の適用を受けます。

生徒　すべての音と言われましたが、犬の鳴き声、赤ん坊の泣き声も含まれるのですか。

教官　そうです。

生徒　でも犬が吠えたからといって処罰できませんよね。

教官　あくまでもこの法律の趣旨は、君も言ったように日常生活の平穏を乱す騒音を防止しようとするものですし、本号が成立するには、先程話した三つの要件を必要としますから、たとえ「音」に該当しても本号では処罰できません。
生徒　そうですよね。ところでその「音」を「異常に大きく出す」ことが条件の一つですが、異常とはどの程度の音ですか。
教官　音の大きさは、計って決めるものとは限りません。社会通念上、誰が考えても相当とされる以上の大きさの音をいいます。
　それは近隣に迷惑をかけるような不必要な大きさの音を出すことです。
生徒　行為者に「近隣に迷惑をかける」ことの認識は必要ありませんか。
教官　ありません。近隣とは、隣近所の人たちという意味ですので、迷惑を受けた者は一人では足らず、少なくとも数人であることを要します。
　「迷惑」とは、日常生活に何らかの支障を及ぼすような不快感を与えることで、例えば、イライラして仕事に身が入らない、会話やラジオ・テレビの聴取がよくできない、なかなか寝付けないなどがこれに当たります。
生徒　音が出される時間が昼か夜か、場所が学校とか病院の付近か、アパートの一室か等によっても判断されますね。
教官　そうですね。
生徒　隣近所とは、どの程度の範囲をいうのですか。
教官　これも距離で決めるものではないです。住民が平穏を害されたと認識した程度の範囲内になるのではないでしょうか。
生徒　本号の行為で、住民がノイローゼとか、不眠症となってしまえば、刑法の暴行罪が適用され本号の適用はないですね。
教官　そうです。それに各都道府県に騒音に関する条例が制定されている場合は、その条例で処罰されることがあり、本号の適用はありません。

本事例のまとめ

甲は、警察官が注意するとそれに従ってカラオケの音量を小さくしており、その限りにおいては警察官の制止に従っているものといえるが、翌日になると再び同様のことを繰り返しており、甲の行為を継続的ないし全体的にとらえれば甲は警察官の警告を無視して、その制止に従わなかったものと判断できる。また、「異常に大きく出す」とは、社会通念上相当とされる程度を超える音を出すことをいい、場所、時刻等の具体的事情で決せられる。迷惑をかけたか否かについては、付近から再三の苦情が絶えなかったことからしても、付近の住民に対して不快感を与えたものである。

以上のことから、甲の行為は本号の刑責を負う。

犯罪事実の記載例

被疑者は、平成○年○月○日午後○時ころから同月○日午前○時ころまでの間、○○市○○町○丁目○番地スナック○○○において、カラオケ演奏をするに際し、○○警察署巡査○○○○らの制止を聞かずに異常に大きな音を出して静穏を害し、近隣に迷惑をかけたものである。

●参考判例●

所轄警察署勤務の警察官から、拡声器の音量を低くし近隣の迷惑にならないよう再三した注意は、軽犯罪法第一条第十四号にいわゆる公務員の制止にあたる（東京高判昭二七・三・一一高刑集五・三・四〇九）

（判決理由）

被告人が再三所轄杉並警察署勤務警察官から異常に高音の放送をなさざるよう注意を受けていたことは明らかであり、かかる注意は軽犯罪法第一条第十四号にいわゆる公務員の制止に該当するものと解するを相当とする。

＊　＊

テープレコーダーに拡声器をつけて、約二キロを隔てる部落にまで達する音で放送することは、本条十四号の「ラジオなどの音を異常に大きく出した」ことにあたる（大阪高判昭二八・六・八高刑特報二八・三七）

（判決理由）

被告人は、豊岡市内の店舗において、録音機（テープレコーダー）に拡声器を取りつけ、近隣はもとより、約二キロメートルをへだてる部落にまで達する異常に大きな高音で放送し、近隣の者に対し、電話による通話、客との商談、医師の診察、その他の業務遂行に障害を与え、一般住民の神経を不断に刺激し、迷惑をかけたことが認められ得る。豊岡市のような商店住家の混在する地方都市において、前記のような高音で録音放送をすることが、軽犯罪法第一条第十四号にいわゆる「ラジオなどの音を異常に大きく出し」たことに該当することは明白である。

称号詐称・商標等窃用の罪　（1条15号）

一条一五号　称号詐称・商標等窃用の罪

官公職、位階勲等、学位その他法令により定められた称号若しくは外国におけるこれらに準ずるものを詐称し、又は資格がないのにかかわらず、法令により定められた制服若しくは勲章、記章その他の標章若しくはこれらに似せて作つた物を用いた者

教官　本号は法令によって定められた称号や制服、標章等の信用の保護と詐欺等の犯罪の発生の危険性のある行為を禁止しようとするものです。本号も二段に分けて考えてみましょう。

生徒　前段は「官公職、位階勲等、学位その他法令により定められた称号若しくは外国におけるこれらに準ずるものを詐称した者」、後段は「資格がないのにかかわらず、法令により定められた制服若しくは勲章、記章等を似せて作つた物を用いた者」が処罰の対象となっています。

教官　そうです。前段が「称号詐称」といわれ、後段が「商標等窃用」といわれるものです。

論点（ポイント）

- ○　官公職
- ○　法令に定められた称号
- ○　詐　称

生徒　「官公職」に、国家・地方公務員が該当するのはもちろんですが、人権擁護委員とか民生委員等の非常勤の公務員、あるいはみなす公務員は含まれますか。

教官　人権擁護委員とか民生委員とか、思いもよらないような公務員を思い出すね。何か民生委員にお世話になるようなことがあったのですか。「官公職」は、公務員の官名職名総称ですので、君の言ったすべての方は含まれます。

生徒　官名か、職名のいずれか一方のみを詐称しても本号に当たりますか。

教官　当たります。

生徒　「位階勲等」とは何ですか。

教官　君にはあまり馴染みのないものです。

生徒　どういうことですか。

教官　つまり位階令という大正一五年に制定された勅令にいう正一位から従八位までの「位階」と、明治八年に布告された「勲章従軍記章制定ノ件」等に定める旭日章、宝冠章等の「勲章」や「褒章」等をいうのです。

生徒　なるほど、私には無縁のものです。でも学

位なら私にもチャンスがあるかもしれませんね。

教官　それなら学位を目指す君に質問しよう。「その他法令により定められた称号」には、何がありますか。

生徒　いきなりきましたね。例えば、学士、弁護士、医師、司法書士、会計士、薬剤師等が当たると思います。

教官　そうです。当然それぞれの法律で処罰規定があればその規定で処罰されます。

生徒　前段の行為は「詐称する」ことですが、これは詐欺の手段、欺く行為と思いますが。

教官　そうですね。本号の趣旨もそこにあるのです。つまり、先程話したように、犯罪になるような行為の禁止をしているのです。君の言うように、詐欺の手段として欺く行為が行われたならば、刑法で問擬することになります。本号はあくまで詐称であって、無資格者があたかもその称号を持った本人であるように装った行為そのものを処罰の対象にしているのです。ですから、相手がそれを信用したとか、迷惑を被ったとかの結果の発生は必要ありません。

生徒　例えば、本事例のように「警察の者だ」とか、「消防署の者だ」ということですね。

教官　そうです。でも、何も「警察の者だ」等と言わなくても構いません。

生徒　どういうことですか。

教官　名刺とか、黒い警察手帳のような物を差し出すとか、口調、態度等で相手を錯誤に陥れることで十分です。

生徒　教官、よく聞く話で「消防署の方からきた」等とまぎらわしい言い方をする者がいますが、相手が錯誤に陥ればいいのですね。

教官　まぎらわしい言い方は、本号に当たらないという説もありますが、当然、本号に当たる行為だと思います。

生徒　教官、後段ですが、法令によって定められた制服とか勲章、記章等を似せて作った物を用いた者が処罰されるのですが、警察官の制服を似せて作った服を着用した場合も同じですよね。

教官　そうです。用いる者本人が作成した物である必要はないが、用いる者において「似せて作った物」つまり、模造物であることを認識している必要があります。

生徒　でも、警備会社のガードマンは、警察官の制服に似ていますよ。私なんか、てっきり警察官と思って免許証を出してしまったことがあります。

教官　それはよほど似ていたのですね。本号の立案者は、作っただけでは即、詐欺等の犯罪発生の危険性はなく、それを用いて初めて一般人をして、真実資格のある人と誤信する危険性があるものと考えたのでしょう。

生徒　資格ですが、全くの無資格者はもちろんですが、自衛隊員が、自分より階級の上位の者の制服や階級章を着用した場合も罰せられますか。

教官　処罰の対象です。

生徒　制服とか階級章については分かりました。それ以外では、「似せて作った標章を用いる」ことですが、標章には警察手帳とか、身分証明書は含まれますか。

教官　色々思いつきますね。それは含みません。ここでいう標章は、警察官等の帽章、官公署の職員であることのバッジ等が考えられます。

生徒　外国の物は本号の後段の適用はないのですか。

教官　そうです。外国の標章を用いても、一般に馴染みがなくて、相手を誤信させる効果が少ないからです。

本事例のまとめ

本号にいう「官公職」とは、公務員の官名、職名の総称であり、当然「警察官」という名称がこれに当たることは明らかである。詐称とは当該称号等を有しない者が、これを真実有するように装うことをいう。甲は、「警察の者だ」と官公職を詐称し、その口調や他の態度などに照らして警察官の身分を装ったものであり、その行為は詐称に当たると解する。

以上のことから、甲の行為は本号の刑責を負う。

犯罪事実の記載例

被疑者は、警察官でないのに平成○年○月○日午後○時ころ、○○市○○町○○番地先路上において通行中のB子に対し「警察の者だ。今この近くで事件があったので協力してほしい。あなたの住所、氏名、生年月日、勤め先を教えてください」等と申し向けて官名を詐称したものである。

●参考判例●

「詐称」とは、明示の詐言であることを要せず、言語の口調・態度等を通じて相手方を錯誤に陥らしめるに足りる所為があればよい（広島高松江支判昭二七・九・二四高刑特報二〇・一八七）

＊　＊

警察官でないのに警察官だと申向けるのは座興程度でなく、相手方がこれを知らないのに乗じてなされたものと認められる以上、本条一五号前段の罪が成立する（東京高判昭三一・三・一高刑集九・一・一二一）

＊　＊

検事総長でない者が自己を検事総長である特定の人物としてその官職名と共に名乗る所為は、本条一五号にいう官職の詐称に当る（最決昭五六・一一・二〇刑集三五・八・七九七）

虚構申告の罪　（1条16号）

一条一六号　虚構申告の罪

虚構の犯罪又は災害の事実を公務員に申し出た者

生徒　本号は「虚構申告の罪」ですが、以前新聞で〃強盗事件はパチンコにのめり込んだ主婦による偽装被害であった〃という記事を見たことがありますが、その主婦は本号違反で取調べを受けることになりますね。

教官　そうです。この法律の趣旨は、犯罪や災害に対応する公務員が、無駄な活動をし、ひいては公共の利益を害するような行為を防止することにありますからね。

生徒　申告する相手は公務員であるわけですから、本事例のように公務員以外の者に申告しても処罰されませんか。

教官　いいえ。単に公務員に申告する意思がなく、雑談として話した場合は適用はありませんが、情を知らない公務員以外の者を介して公務員に申告する意思があれば本号の適用があります。

生徒　ある事実を針小棒大に申告する場合はどうなりますか。

教官　本号の行為は「虚構の犯罪又は災害の事実を申し出る」ことですね。虚構というのは、存在しない事実をあたかも真実存在するように申告することをいいます。存在する事実を多少大げさに申告した場合は本号で処罰されません。基本となる事実が別の事実となった場合、つまり、真実と申告の内容に同一性がなくなる程度に変更されれば、「虚構」となる。

生徒　つまり、根も葉もないことを申告することが該当するのですね。

教官　そうです。ただ、極端な針小棒大な申告、例えば、かすりきず程度なのに殺される等ということはもはや虚構です。

生徒　例えば、「飛行機が落ちたようだ」と申告することはどうでしょうか。申告者は落ちた現場を見たわけではないでしょうが、「大きな音がした」とか、「エンジンの音が止まった」等といって親切心で申告する場合もあると思いますが。

教官　申告者が災害の発生を申告すれば、虚構とはいえないと思います。

生徒　自動車運転免許証を落としたといって警察

論点（ポイント）

- ○　虚構の犯罪又は災害の事実
- ○　公務員に申し出た者

官に届けることは本号に当たりませんね。

教官　そうですね。犯罪構成要件に該当しない行為ですからね。

生徒　仮に、他人を犯罪者に仕立てるために虚構の事実を申告して、その者の処罰を求める意思で申告すれば、告発行為になると思いますが、本号の成立には影響ありませんか。

教官　そうなりますと、刑法の虚偽告訴罪（一七二条）が成立しますので、本号は、同罪に吸収されてしまいます。

本事例のまとめ

甲はAに対し、実在しない犯罪を実在するかのように装って殺人事件の発生を警察に通報依頼させたものであり、虚構の犯罪の範囲であると解する。また、甲は自ら直接公務員に申告したものではないが、情を知らないAを介して（利用して）行為の実現をしたもので、その方法は、口頭、電話、書面等であることを問わないと解する。本事例の場合の既遂は、Aが、警察に対して甲の虚構の犯罪を申告した時点で成立する。

以上のことから、甲の行為は本号の刑責を負う。

犯罪事実の記載例

被疑者は、平成〇年〇月〇日午後〇時ころ、〇〇市〇〇町〇〇番地〇〇電気店において、同店経営者Aをして〇〇県警察本部に対し、何ら犯罪の発生事実がないのに一一〇番通報で、「今、〇〇公園で喧嘩があり一人がけん銃で撃たれ殺された」旨の虚構の犯罪を申し出たものである。

●参考判例●

地下歩道内の非常ベルをいたずらで押した行為は、本条一六号ではなく、同条三一号にあたる（旭川簡判昭五〇・七・二刑裁月報七・七—八・七九五）

（判決理由）

軽犯罪法一条一六号の犯罪または災害の事実とは犯罪または災害そのものについての具体的発生事実をいうものと解する。これを本件についてみるに、前記証拠によれば、本件非常ベルは「このベルは旭町警察官派出所に通じております。ので非常の際は釦を押して下さい」との掲示とともに一体をなして設置されていた事実、そのもとで被告人が本件非常ベルを押した事実が認定でき、以上の事実に鑑みると、被告人の所為は、確かにその日時、その場所における、非常の事態の申出とは認め得るが、しかし、それのみでは、未だ同法一条一六号所定の事実としての具体性に乏しいものであるから、それを前提とする同法所定の虚構申告の訴因は認められない。

氏名等不実申告の罪　（1条17号）

一条一七号　氏名等不実申告の罪

質入又は古物の売買若しくは交換に関する帳簿に、法令により記載すべき氏名、住居、職業その他の事項につき虚偽の申立をして不実の記載をさせた者

生徒　本号は「質入れや古物の売買で備付の帳簿に虚偽の記載をさせた者」が処罰されるものですが、実は、私は質屋に出入りしたことがありませんので、どんな書類を書くのか分かりませんん。何か質入申込書のようなものを書くのですか。

教官　質入申込書を知っていて質屋に出入りしたことがないとは言わせませんよ。
　この分だと君の利用は一回や二回ではないですね。

生徒　いえ、いえ、とんでもないです。

教官　実は、私も学生時代に君と同じように時計とか、テープレコーダーとかを何度も入れたり出したりしたものです。

論点（ポイント）

○　虚偽の申立て
○　不実の記載

生徒　テープレコーダーとは古い話ですね。今はデジカメ、ＤＶＤレコーダーですよ。

教官　本題に戻りましょう。
　法令によって記載すべき帳簿にはどんなものがありますか。

生徒　質屋営業法や古物営業法に定められている質物台帳、古物台帳ですよね。ほかにはありますか。

教官　そうですね。ほかには質取引人名簿とか、市場台帳があります。

生徒　本号は「虚偽の申告をして台帳に記載させること」ですが、一六号の虚構と本号の虚偽とはどう違いますか。

教官　一六号の虚構は「根も葉もないこと」に対し、本号の虚偽は、全くの架空の作りごとまでは必要なく、多少事実を曲げることです。

生徒　住居、氏名は本当のことをいい、職業のみ偽って申告した場合でも処罰されますか。

教官　されます。すべて虚偽である必要はありません。
　君は、住所と居所の違いは分かりますか。

生徒　住所と居所は違うのですか。知りませんでした。

教官　住所とは、人の生活の本拠地をいい、居所とは、人が多少継続して居住する地ですが、その場所との関係が住所ほど密接でないものをいいます。

生徒　そうなんですか。

　それなら居所を申告した場合は、本号の処罰の対象になりますか。

教官　帳簿の記載としては、現実の住まいが分かればよいのですから、居所を申告した場合は可罰性を欠くと思います。

生徒　芸名とか、通称名で申告することはどうですか。

教官　つまり戸籍上の氏名を申告しなくてもよいかということだと思いますが、芸名とか、通称名を使う場合は、それが相当社会的に通用しており、誰がその芸名等を聞いても、その人を特定できる程度のものである限り「虚偽の申告」には当たりません。

生徒　例えば、本当の品物の持ち主から質入れの依頼がないのに、これを装って自分の本当の名前、住所、職業で申告した場合は「虚偽の申告」になりますか。

教官　申立人自体に虚偽のある場合のことだと思いますが、この場合は本号に当たりません。自分の名前、住所等に虚偽がないからです。

　本号の趣旨は、質屋、古物商の帳簿記載の正確性を保持させ、盗犯等の捜査の利便を確保することにあるので、現実に品物を持参した相手方の身分に虚偽がなければその侵害もないので本号に当たりません。

　泥棒が盗んだ物を自分の名前で質入れした場合がこの例ですね。

生徒　それなら、本事例のように、友人の了解の下にその友人の保険証を借りて、友人になりすまして質入れすることは本号違反ですか。

教官　そうですね。質屋の主人は友人の名前とは知らずに備付簿冊に記入したのですからね。

生徒　既遂の時期は台帳に記載させた時点ですね。質入申込書を書いた時点では未遂ですか。

教官　そうです。

生徒　教官、質屋がお客さんの申告が虚偽であることを知っていて記載した場合、質屋は処罰されませんか。

教官　その場合、質入れした本人は本号で処罰され、質屋は質屋営業法で処罰されます。

生徒　ホテルとか、旅館で宿泊申込書に架空の名前を書いたことで、宿泊名簿に記載させた場合はどうなりますか。

教官　それは君がいつも使っている手口ですか。

生徒　いえいえ、友人が私の名前で彼女と泊まっているのです。

教官　それは旅館業法で宿泊人が虚偽の事項を告げる行為を処罰しております。名簿に記載させたことまで必要ありません。

生徒　私の友人は旅館業法違反だ。

教官　君がその事実を知っていて名前を貸していれば君も共犯ですよ。

犯罪事実の記載例

被疑者は、平成○年○月○日午前○時ころ、○○県○○市○○町○番地○○質店こと○野○郎方において、ＣＤコンポ一台を五万円で入質するに際し、自己の氏名は乙であり、住所が○○市○○町○○番地にある旨虚偽を申し立て、上記○野をして質物台帳及び質取引人名簿にその旨不実の記載をさせたものである。

本事例のまとめ

甲は、乙名義の保険証を身分証明書としてコンポを入質したものであり、乙を装って乙の住所、氏名等を利用したものである。本号の「虚偽」は、全く架空の作りごとに達する必要はなく、多少でも曲げて申告すれば本号に当たると解する。質屋が記載した質取引人名簿は、質屋営業法に定められた簿冊であり、当該簿冊に記載した時点で本号は既遂に達する。

以上のことから、甲の行為は本号の刑責を負う。

なお、保険証を貸与した乙も甲の行為を幇助したものであり、従犯として軽犯罪法三条により本号違反の正犯に準じて処罰される。

要扶助者・死体等不申告の罪　（1条18号）

一条一八号　要扶助者・死体等不申告の罪

自己の占有する場所内に、老幼、不具若しくは傷病のため扶助を必要とする者又は人の死体若しくは死胎のあることを知りながら、速やかにこれを公務員に申し出なかつた者

生徒　本号は要扶助者とか、死体等がありながらこれを公務員に申告しなかった者が処罰の対象ですね。

教官　本号の趣旨は、扶助を要する者に対する公務員の援護措置、死体や死胎に対する公務員の処分ないし事件性の有無の判断が、速やかにできるように、公務員への申し出を促したものです。

生徒　条文を見ますと、「自己の占有する場所内に」とありますので、病気とかけがで公道にうずくまっている場合とか、酔っ払って公園に寝込んでいる者がいた場合は申し出る必要がないのですね。

論点（ポイント）

○　占有する場所内

○　扶助を必要とする者

○　公務員に申し出る

教官　確かに公道は、自己の占有する場所ではありませんね。申し出なかったとしても本号の適用はありません。

でも、本事例のように自己所有の駐車場で寝入っている泥酔者を発見したときは、警察官に申告しなければなりません。

生徒　ということは、扶助を要する者には病人や酔っ払いも含まれるのですか。

教官　含まれます。

生徒　それでは、自分の家に見ず知らずの病人が助けを求めてきた場合は、申告する必要があるのですね。本号は届け出を義務付けているのですか。

教官　最初の質問ですが、それについては申し出る必要があります。これを怠れば本号の違反になります。

二つめの質問ですが、義務はありません。本人の良心に訴えているのです。

生徒　私のように借金で首の回らない者は扶助を必要とする者には含まれませんね。

教官　首の回らないのはお互いさまです。「扶助を必要とする者」とは、君の言ったような自ら日

常生活をするのに必要な行動をする能力のない者をいいます。
　君のように、貧乏学生でも心身ともに健康なものはこれに当たりません。

生徒　教官、誉めているのですか、けなしているのですか。教官の言われるように、この規定の趣旨からして保護責任者がいるとか、処理する者がいる場合は当たりませんね。

教官　そうです。ですから自宅とか病院で療養中に死亡した場合は公務員に届ける必要はないのです。それと死胎とは胎児の死体のことです。

生徒　行為は「速やかに……申し出ること」ですが、「速やかに」とはどの程度の時間まで許されるのですか難しいですね。

教官　「速やかに」とは、「知ってから遅滞なく」と同意義ですから、要扶助者の状態、発見時刻、応急措置に要した時間等具体的状況で判断し、決めるものです。

本事例のまとめ

　甲は、自己の所有する駐車場内に泥酔者が存在することを認識したものである。通常の社会常識を身につけたものであれば自ら救護の措置をするか、要扶助者又は死体等についで処置する権限を有する公務員に申し出ることは当然の行為である。しかし、甲は、凍死のおそれのある男性を発見したが、漫然と行き過ぎ、速やかに、つまり遅滞なく申し出なかったものである。
　以上のことから、甲の行為は本号の刑責を負う。

犯罪事実の記載例

　被疑者は、平成○年○月○日午後○○時ころ、自己の占有する○○市○○町○○番地所在の駐車場内に、○○○○が泥酔し寝込んでいることを発見しながら、速やかにこれを公務員に申し出なかったものである。

変死現場等変更の罪 （1条19号）

一条一九号　変死現場等変更の罪

正当な理由がなくて変死体又は死胎の現場を変えた者

生徒　本号は変死体とか、死胎の現場を変えたものを処罰するものですが、変死体を勝手に持ち出し、その場所を変更したうえ、公務員に届けなかった場合は、一八号と本号の両罪が成立しますか。
教官　その場合は観念的競合の関係になります。
生徒　「変死体」というのは、犯罪によらない死体かどうか分からない死体ということですね。
教官　そうです。刑法の変死者密葬罪にいう「変死者」と同意義で、犯罪に起因しない死体であることが明らかでない死体をいいます。
生徒　教官が言うとすごく難しく聞こえますね。
教官　君が言ったのを法律的にいっただけですよ。
生徒　本号の「死胎」は、胎児の死体であることも分かりましたが、変死胎といわないのはなぜですか。

論点（ポイント）

○　正当な理由がなくて
○　変死体
○　現　場

教官　それは死胎が不自然な形で存在すること自体すでに異常な状態ですので、あえて「変死胎」といわないのです。
生徒　なるほど。そう言われてみればそうですね。要件は「現場を変えること」ですが、現場とはどの程度の場所的範囲をいうのですか。
教官　現場とは、変死体又は死胎が発見された時点の存在状況をいいますので、変死体又は死胎そのものの状況とか、死体の近くにあった凶器、所持品、室内であれば室内の状況等も含みます。でも死体等から相当離れた場所は現場とはいえません。かといって距離で決めるものではなく、社会通念上必要と認められる範囲で決めればよいと思います。行為は「変える」ことで、積極的、人為的変更を加える行為をいいます。
生徒　現場に居合わせた者は、まだ生きているかもしれないと思って、連絡先とか身元を確認するためポケットの中を見たり、近くにあるバッグの中身等を確認することもあるし、脈をとったり、体を揺すったりしますが、これらは正当な理由といえると思いますが。

教官　正当な理由があったか否かは、社会的通念に照らして決める必要があります。本号の保護法益は、死体の背後に何らかの犯罪が隠されていないかを検討するうえでの、捜査上の証拠の消失を防止することにあるので、その保護法益と正当性を比較し決めることが大事かと思います。君の言う程度の変更は当然許されるでしょう。

生徒　教官、先程刑法一九二条の変死者密葬罪について言われましたが、同条をみますと構成要件が似ていますので本号に当たる場合は、同条にも該当すると思いますが、そのときは本号は吸収されてしまいますね。

教官　そうです。本号の適用はありません。また、死体遺棄罪とは、観念的競合の関係になります。

本事例のまとめ

甲は、地域における実力者であり、自己の名誉に傷が付くとか、あらぬ風評が立ち自己の評判が低下する等という自己中心的考えから、自己と変死者との結び付き、つまり事件とのかかわり合いをなくそうと考え、本行為をなしたものである。本号の「正当な理由がなく」とは、社会通念に照らして具体的事実関係に即して判断されるべきものであり、刑法の住居侵入罪の「正当な理由がないのに」と同意義、つまり「不当に」と同解釈である。しかるに甲の行為は、正当な理由に基づくものとは解されない。また、甲に犯罪捜査を妨害する意図があったかどうかも、本件立証に必要ない。車庫内の変死体は刑事訴訟法二二九条にいう「変死者」及び「変死の疑のある死体」に該当し、犯罪に起因しない死体であることが明らかでない死体である。甲は、変死体を別の場所に運搬したもので、甲が変死体を発見した状況に変更を加えたものである。

以上のことから、甲の行為は本号の刑責を負う。

犯罪事実の記載例

被疑者は、正当な理由がないのに平成〇年〇月〇日午前〇時〇分ころ、〇〇市〇〇町〇〇番地の自宅車庫内にあった〇〇〇〇（〇〇歳）の変死体を同所から約十メートル離れた同町〇〇番地所在の〇〇公園まで背負い移動させ、もってその現場を変えたものである。

●参考判例●

軽犯罪法一条一九号は、正当の理由がなくて変死体又は死胎の現場を変える行為を取締ろうとする法意に出でたものであつて、故意に死体を放棄する行為を処罰の対象とする死体遺棄罪とはその罪責を異にしている（最判昭二九・四・一五刑集八・四・四七一）

身体露出の罪　（1条20号）

〇〇球場で人気ロックバンドのコンサートが催された。会場内は人気バンドだけあって、若い男女で超満員で熱気をはらんでいた。
ワァ
ワァ
前半の演奏が終わりかけた頃、感極まり興奮した甲女は、上半身一糸まとわぬ裸となり、突然舞台に駆け上がり踊り出した。
!!
ワァ
ワァ
ワァ
会場内の観客と、演奏者、会場警備員は突然の出来事で止めることも出来なかった。その直後甲女は、警備員に取り押さえられた。この間わずか30秒ぐらいのことであった。

一条二〇号　身体露出の罪

公衆の目に触れるような場所で公衆にけん悪の情を催させるような仕方でしり、ももその他身体の一部をみだりに露出した者

生徒　教官、いよいよ出ましたよ。
教官　どうしたのですか。突然目の色を変えて。
生徒　この二〇号ですよ。これを待っていたのです。身体露出罪です。
教官　それで君の目の色が変わったのですね。身体露出で女性の裸体を思い出したのですね。しかし本号では、君が高速道路で行った立小便の刑責についてもただす必要があります。
生徒　教官、立小便のことをまだ覚えていたのですか。すっかり忘れていました。
教官　これは避けて通れない問題です。
生徒　そんな国会質疑のようなことを言わないでください。
教官　どうしたのですか。今度は顔の色が真っ青ですよ。君はカメレオンみたいですね。
生徒　まいったな。教官に相談するんじゃなかったですよ。
教官　まあ、そう言うな。君の興味のある本号は、君のように鼻の下が長い男が増えることを考えて、国民の健全な風俗感情を保護して、風俗の向上を図ることが立法の趣旨です。
生徒　鼻の下の長い私としては思うのですが、現代は制定当時とは社会情勢、風俗感情、性に対する考え方も違っています。今はまさに性の氾濫ですよ。しりとかももを出されてもけん悪の情は起きませんよ。
教官　そうかもしれません。話す君の顔の方がけん悪になってきましたね。刑法の強制わいせつ罪についても、その解釈について法廷で論争されている現状からすれば、本号も今後の課題の一つではないでしょうか。
生徒　行為の場所は「公衆の目に触れるような場所」ですが、「ような」ということは必ずしも公衆の面前とか、公共の場所とか、通行人のいる場所という意味ではないのですね。
教官　そうです。多数の人に見られる可能性のあ

論点（ポイント）

- ○　公衆の目に触れるような場所
- ○　公衆にけん悪の情を催させるような仕方
- ○　身体の一部
- ○　露　出

る場所を意味しますので、部屋の中でも外でもかまいませんし、現実に公衆の目がある場所であることも必要ありません。

生徒　家の中でもいけませんか。

教官　居間であっても外部の人とか、通行人が容易に目に触れるような場所であればこれに当たります。

生徒　身体を露出した者が処罰されるのですから、これを見た者は処罰されませんね。

教官　そうです。見るものが処罰されるのは、一三号に「盗み見る罪」という規定があります。後で話しますが、同号は通常衣服を身に付けないでいる場所をひそかに覗き見た者が対象ですので、本号に関しては見得でしょうね。

生徒　教官も嫌いではないですね。安心しました。ところで、先程も話しましたが「しりやももとか、その他の身体の一部」とはどの部分までをいうのですか。

教官　露出することによって他人に嫌悪の情を催させる部分をいい、主として通常人が衣類等で隠している部位ですので、乳房とか腹部等です。

生徒　性器を出すことも当然含みますよね。

教官　いいえ、その部分を露出すれば刑法の公然わいせつ罪の適用を受けます。

生徒　それはなぜですか。

教官　性器を露出する行為は、本号の条件である「公衆にけん悪の情を催させるような」の度を過ぎたもので、公然わいせつ罪の「人の性的羞恥心を害する行為」に当たるからです。

生徒　それでは教官の言われる「公衆にけん悪の情を催させるような仕方」とは、どのような行為をいうのですか。それに、人それぞれで風俗感情は異なるので、一概に認定するのは難しいと思います。

教官　その行為によって、通常な健全な風俗感情をもつ一般人なら、不快の念を覚えるようなものであることを意味します。また、その仕方ですが、単に方法とか、態度だけではなく、行為者は男性か女性か、子供か成人か、露出部分はどこか、露出した場所はどこか、付近の状況はどうか等から総合的、客観的に判断されるべきものです。

生徒　そうですよね。子供が上半身裸でいても不快の念を感じませんし、若いママが乳房を出して乳児に乳を飲ませていても不快とは思いませんからね。

教官　そうですね。それに肌を露出しても不自然でない場所であれば本号に該当しません。例えば、ストリップ劇場で裸になることですね。

生徒　「露出」という意味ですが、通常出さない素肌そのものを出すことですよね。
　パンティーストッキングのみで市内を歩く行為は本号に当たりますか。
教官　そうですね。そのストッキングを通して肌そのものが透けて見えれば露出に当たると思います。また、薄物で肢体の輪郭が明瞭であっても、肌そのものが見えなければ「露出」に当たらないといえます。
生徒　教官、それでは水着で町の中を歩いたり、電車に乗ると処罰されるのですか。それにハイレグ水着でイベント会場にいるギャルも処罰の対象ですか。水着を着ているのですよ。裸ではないのですよ。お尻は丸出しではないのですよ。
教官　あまり興奮しないでくれ。確かに君の言うことは一理あるが、本号でいう「露出した行為」に該当することに間違いありませんね。問題は「不快の念を覚えるような行為」に当たるか、ということですね。これも本号の要件ですからね。
　確かに立案者は健全な風俗感情の保護を念頭において立法したわけですが、先程も君が言ったように、性に関する倫理感も変化してきております。ですから現代の社会情勢、風潮、風俗環境等から考えた場合、本号の適用は困難ですね。

生徒　そうですよね。私も教官と同感です。今は性の氾濫ですよ。雑誌のグラビアなどは凄いですからね。少女雑誌までもですよ。
　ヌード写真が処罰されなくて生身の露出が処罰されるのは合点がいきません。それに私なんか全然不快の念を持ちませんよ。
教官　本号の解釈は、今後拡大解釈されるでしょうし、法改正の対象でしょうね。
生徒　もう一つ質問ですが、いわゆるニューハーフが整形した乳房を出す行為はどうですか。本号の適用はありますか。
教官　本号は、男性でも女性でも区別していませんので、当然処罰の対象になります。
生徒　次の二一号は、削除されていますが……。
教官　ちょっと待ちなさい。君の高速道路での立小便行為の解釈について検討しなくてはいけませんよ。
生徒　やはり避けては通れませんか。先程教官は性器を出す行為は、公然わいせつ罪になると言われましたが、私も公然わいせつ罪で問われるのですか。
教官　男性が道端で性器を出して放尿する行為は、未だ人の性的羞恥心を害するとまでいえないことが多いですから、公然わいせつ罪には触れないと思います。

生徒　やはり本号に該当する行為ですか。
教官　君が私に相談したいのは、この立小便の行為が軽犯罪法に触れる行為かどうかでしたね。
生徒　覚えています。それに公然わいせつとか、道路交通法違反容疑もあると言われました。
教官　今までこの二〇号について勉強してきたように、君の行為が公衆の目に触れるような場所で行われたのか、あるいは不快の念を生じさせる行為であるかなどを検討する必要があります。
生徒　私は、急に小便がしたくなったので通行する車や運転する人から見られないようにガードレールと平行して立ってしたのです。誰も見せながら小便をする人はいません。
教官　まあ、男性が座って小便はしませんね。君の言うとおりですと「性器が公衆の目に触れる状態ではなかった」という状況ですね。
生徒　そうです。
教官　そうしますと君の行為は本号に当たりませんね。
生徒　助かりました。残りは二六号ですね。これは免れませんね。放尿したのですから。
教官　後で検討しましょう。

本事例のまとめ

本号の公衆の目に触れるような場所とは、不特定又は多数の人の目撃することのできる場所をいい、事例の○○球場はこれに該当する。○○球場はコンサート会場であり、通常衣服を着用しているべき場所である。このような場所で上半身裸になることは正当な理由があるとはいえず、会場の観客も甲女の裸を見て不快な気持ちを生じたものである。また甲女は、上半身のみ裸になったものであるが、その場所もわきまえず裸になったことは身体の一部を露出したことに該当する。

以上のことから、甲の行為は本号の刑責を負う。

犯罪事実の記載例

被疑者は、平成○年○月○日午後○時ころ、○○県○○市○○町○○番地市営○○球場で開催された○○コンサート会場舞台上において、観客○○名の面前で上半身を露出し、もって公衆にけん悪の情を催させるような仕方で身体の一部をみだりに露出したものである。

こじきの罪（1条22号）

甲は、五体満足の身体を両親から受け継ぎながら、生来の怠け者で
ナマケモノ！

中学卒業後は、職業を転々として一つとして長続きした仕事はなかった。

もうあきたからヤーメタ
2年前に家出同然に自宅を飛び出し、ホームレス(浮浪者)の仲間入りをしてしまった。

そして毎日曜日になると○○動物園の入口付近の路上に生活を共にしている犬と一緒に座り…

哀れな私にお恵みを…

通行人に金品を乞うた。

おめぐみください

一条二二号　こじきの罪

こじきをし、又はこじきをさせた者

教官　君は、本号の「こじきの罪」と四号の「浮浪の罪」を混同していたようですので、よく勉強してください。

生徒　そうでした。でもその違いは理解できましたよ。

　四号のときも思ったことですが、公園とか、人の集まる場所でこじきをしても、又はうろついても、誰にも迷惑をかけなければ問題はないと思うのですが。

教官　軽犯罪法は、国民の道徳心を養うことと、事件の未然防止が本来の立法の趣旨であることは理解していると思います。

　四号は定職ももたず、付近を徘徊するような行為を反社会的行為としてこれを禁止し、本号は、働いてそれに見合う賃金を得て生活を維持することは社会道徳の要求であり、その道徳に反する行為を禁止しているものです。本号も四号も、その目的はいずれも社会秩序の維持にあるのです。

論点（ポイント）

- ○　こじきの概念
- ○　こじきをし、又はこじきをさせ

生徒　分かりました。それでは本号の行為ですが、まず最初に「こじきをする」についてお尋ねします。

教官　どうぞ。

生徒　「こじきをする」とは、哀れみを乞うことだと思いますが、自分のためとか、自分が養っている者のために乞うのですか。

教官　そうです。

生徒　乞う相手は誰に対しても成立しますか。

教官　不特定の人に対して乞うことですが、親戚とか、友人に対して乞うても本号に当たりません。

生徒　それでは、私が友人に生活費を恵んでくれと言ってもこれはこじきとは言わないのですね。

教官　言いません。

生徒　具体的な行為としては駅の出入口や公園等で通行する人たちに「お恵みを」等と言って、お金や品物をもらうことですよね。

教官　そうです。でも今はほとんど見かけなくなりましたね。

生徒　この法律の制定された当時は、終戦直後で物がなく、経済も極端に不安定でしたので、こんな規定が必要でしたのでしょうね。でも今は有名無実の規定ですね。

教官　本号も今後改正の余地がありますね。

生徒　日曜日の原宿などは、歩行者天国になっており、そこでパフォーマンスとか、歌とか、演奏をして何がしかのお金をもらっていますが、あれは乞うとは言いませんね。

教官　よく見かけますね。でもあれは演奏なり、歌に対する報酬ですから本号の行為には当たりません。

生徒　それでは道端で「恵まれない人に愛の手を」と言って募金を求める行為も本号に当たりませんね。

教官　当たりません。乞う行為とは、かわいそうだとか、ふびんとかの同情をひいて金品をもらうことをいいますからね。

生徒　現実に金品を受け取ったことは要件ですか。

教官　その必要はありません。哀れみを乞う意思で一人の者に対して行えば成立します。

生徒　本号の後段ですが、「こじきをさせた者」が処罰されるわけですが、この行為は前段の「こじきをした者」の共犯となるのではないのですか。そうだとすれば、後段は必要なく前段のみの処罰で本号の目的は達成される思いますがどうでしょうか。

教官　そうですね。そのような気がしないでもないですね。でも当時は、浮浪者やこじきが、至る所に徘徊していた実態から、このような要件を備えたのだと思いますよ。そして、「こじきをさせる」ことですが、責任無能力者とか、こじきをする意思のない者を騙して行為をさせるような間接正犯に当たる行為をいいます。

生徒　ということは、責任能力のある者にこじきをさせれば「こじきをする」の教唆犯となるのですか。

教官　そうです。責任ある者は自己の判断で決めることができますからね。

生徒　もし、父親が小学生の我が子を連れて一軒一軒回ってこじきをすれば「こじきをする」と「こじきをさせる」罪との両方が該当することになりますね。

教官　子供の場合は「こじきをする」一罪が成立します。君のいう場合は、児童福祉法にも触れるとも考えられるがどう思いますか。

生徒　児童福祉法と本号は特別規定の関係にあると思います。

　ですから児童福祉法が適用され、本号の成立の余地はないと思います。

教官　そうですね。

本事例のまとめ

甲は、動物園という家族の憩いの場の入口で、しかも老若男女不特定多数の往来する路上で、通行人に対して金品を乞う行為をしたものであり、その方法のいかんを問わず「こじきをする」行為に当たるものと解する。また、本号の成立には現実に金品を得たことも要せず、多数の通行人に対する意思をもって行えば、単に一人に対してなした場合でも成立する。また一条四号「浮浪の罪」との関係は観念的競合の関係にある。

以上のことから、甲の行為は本号の刑責を負う。

犯罪事実の記載例

被疑者は、平成○年○月○日午後○○時ころ、○○市○○区○○町○番地○○動物園前路上において、通行人に対し、あわれみを訴えて金品を乞い、○○○○から現金五○○円をもらい受け、もってこじきをしたものである。

●参考判例●

「こじき」の概念には、単に個々の物乞い行為自体をさすのでなく不特定多数人に対しある程度反覆継続的に物乞いをするという業的な観念が内在している（宇都宮簡判昭三八・一〇・二三下級刑集五・九―一〇・九〇六）

＊　＊

こじきをするとの一個の包括的故意のもとに、近接した日時・場所においてなされた場合には、包括一罪である（同右）

（判決理由）

軽犯罪法にいわゆる「こじき」とは単に個々の物乞い行為（人の同情心に訴えて金品の無償交付を求める行為）自体を指すのではなく、その概念には不特定多数人に対しある程度反覆継続的に物乞いをするという云わば業的な観念が内在していると解すべきでありかゝる犯罪の本質から又本件犯罪がこじきをするとの一個の包括的犯意の下に近接した日時、場所においてなされたという犯罪の態様から被告人の所為はむしろ包括的に一罪と解すべきである。

窃視の罪　（1条23号）

へっへっ
シャッターチャンス！

女風呂の写真が欲しいなあ……。

お願い！

女湯の隠し撮りを！

イヤだわ……。

今回だけよ！

甲は知り合いの女性の乙女に事情を話し、隠し撮りをしてくれるよう頼んだ。乙女は最初断っていたが、余りにも熱心なので仕方なく承認した。

こんな感じでいいのかな？

あの女の人、盗み撮りしてますよ。

すぐ警察に電話しよう。

一条二三号　窃視の罪

正当な理由がなくて人の住居、浴場、更衣場、便所その他人が通常衣服をつけないでいるような場所をひそかにのぞき見た者

生徒　本号は、いわゆる「のぞき」をした者を処罰するものですね。
教官　そうです。本号の趣旨は、個人的秘密の侵害行為を禁止し、ひいては私生活の平穏の確保にあります。
生徒　「のぞき」を禁止している場所は、条文に列挙されていますが、これを見ますと浴場とか更衣場は理解できますが、住居は本号になじまないと思います。なぜ住居も列挙されているのでしょうか。
教官　その前に「その他人が通常衣服をつけないでいるような場所」について理解しましょう。これを理解すれば住居の必要性も分かると思いますよ。

論点（ポイント）

- ○　正当な理由がなく
- ○　人が通常衣服をつけないでいるような場所
- ○　ひそかにのぞき見る

君は、どのような場所を示していると思いますか。
生徒　「ような場所」ですので、必ずしも裸でいる場所に限定されなくてもよいと思います。裸でいる可能性のある場所であればよいと思いますので、例えば、病院の診察室は本号に当たる場所と思います。
教官　そうですね。君の解釈で結構です。それ以外では、旅館の一室、キャンプ場のテント内、列車の寝台、船舶の船室等が該当します。そしてその場所は、必ずしも人が裸でいる必要はありません。
生徒　ということは、浴場とか、寝台をのぞいたところ誰もいなかった場合でも本号の既遂になるのですか。
教官　人の住居等を正当な理由もなくひそかにのぞき見た場合は、その場所に現に人がいるか否かを問わず、本号が成立します。それで君の質問に対する答えですが、「住居」は個人の秘密、私生活の平穏が守られなければならない場所で、それは奥の八畳間とか、寝室に限っているのではないのです。例えば、玄関は通常裸でいると

は考えられない場所ですが、当然守られるべき領域であり、住居の一部なのです。そのような意味での住居と理解してください。

生徒　分かりました。それでは、若いカップルが、公園とか車の中でキスをしていたり、もっと激しい行為にふけっている場面に出くわすことがありますが、これを盗み見ても本号で処罰されないのですか。

教官　そうです。そのような場所は通常衣服を身に付けている場所ですからね。

それに階段やエスカレーターを上っていく女性のミニスカートの内部を下からのぞく行為、開いた胸元を上からのぞく行為も本号の「場所」に当たらず処罰されません。

生徒　うれしい解釈ですね。これは男の特権ですね。

教官　法律を学ぶ学生の発言とは思えませんよ。

生徒　つい本音が出てしまいました。すみません。それでは本号の行為ですが、「正当な理由がなくてひそかにのぞき見る」ことですが、正当な理由で見ることってあるのですか。

教官　「正当な理由がなく」については、一号の解釈と同様で、「故なく」と同じ意味です。正当な理由のある行為では、犯罪捜査の必要上ひそかに見る場合でしょう。それ以外では考えられませんね。

生徒　「ひそかに」ですが、誰にも見付からないように見ることですね。

教官　そのような意味ではありません。見られる側の者に知られないように見ることです。ですから、多数の人の目の前で、物陰とか隙間からのぞき見れば本号に該当します。

生徒　それでは、公然というか、自然に見えてしまった場合はのぞき見る行為に当たりませんね。

教官　そのとおりです。

生徒　よく、芸能人や有名人が隠し撮りにあっていますが、このように相手の承諾もなく、ひそかに写真を撮る行為は本号に当たりますか。

教官　個人は私生活について他人から干渉されず、私的な出来事についてその承諾なくして公表されない権利、すなわち基本的人権なり、肖像権をもっていますね。確かに今日のようにマスコミの発達した社会では、報道の自由とプライバシーの保護が問題になっています。報道の自由は個人の基本的人権を侵してまで許されるものではありません。ですから、本人の承諾なく写真撮影することは許されません。しかし、本号に当たるか否かは別の問題です。

生徒　それでは本事例の場合はどうでしょう。

教官　本号は、具体的にひそかにのぞき見る行為の手段・方法を何ら規定してません。すなわち、肉眼で見る場合はもちろん、望遠鏡で見たり、事例の場合のように、カメラによってひそかに写真に撮る行為ものぞき見る行為に当たりますし、同性であってもは本号の成立に影響はありません。

本事例のまとめ

乙女は、甲の意を受け公衆浴場に入ったもので、仮に乙女自身入浴する意思を有していたとしても、その入浴の目的はひそかに女性の裸体を隠し撮りするためのものであり、入浴のための入場とは解せず、正当な理由があったとはいえない。また行為の場所は、公衆浴場であり当然衣服を身につけていない場所である。「ひそかにのぞき見る」行為は、入浴中の女性に知られないようにすることをいい、見られる者以外の者に知られると否とを問わず、またその手段方法は何ら規定しておらず、自己の肉眼で直接見た場合はもちろん、カメラによってひそかに写真を撮るのも肉眼で見たと同一の効用を発揮するもので、のぞき見るに当たると解する。

以上のことから、乙女の行為は本号の正犯の刑責を負い、乙女に隠し撮りを依頼した甲は、本法第三条の規定によって、本号の教唆犯としての刑責を負う。

なお既遂時期はカメラのシャッターを押した時点である。

犯罪事実の記載例

被疑者甲、同乙は共謀の上、正当な理由がないのに、平成○年○月○日午後○○時ころ、○○市○○町○○丁目○○番地公衆浴場日の出湯（経営者○○○○）において、脱衣又は入浴中の○○○○ほか○名を隠し持っていたカメラで撮影し、もってひそかにのぞき見たものである。

●参考判例●

本条二三号は、一種のプライバシーの権利を認める趣旨の規定である（東京地判昭四〇・三・八下級刑集七・三・三三四）

（判決理由）

人はその承諾がないのに、自己の写真を撮影されたり、世間に公表されない権利即ち肖像権を持つ。それは私人が私生活に他から干渉されず、私的なできごとについて、その承諾なしに公表されることから保護される権利であるプライバシーの権利の一種と見ることができよう。それは憲法第一三条は個人の生命自由及び幸福追求に対する国民の権利が最大限に尊重されるべきを規定し、その他憲法の人権保障の各規定からも実定法上の権利として十分認め得る。刑法第一三三条、軽犯罪法第一条第二三号などはこれを認める趣旨の規定と解され、……。

＊　＊　＊

他人の住居の庭先に侵入してその住居内をひそかにのぞき見た場合における住居侵入罪と軽犯罪法一条二三号の罪とは、牽連犯の関係にある（最判昭五七・三・一六刑集三六・三・二六〇）

（判決理由）

囲繞地に囲まれあるいは建物等の内部にある右のような場所をのぞき見るためには、その手段として囲繞地あるいは建物等への侵入行為を伴うのが通常であるから、住居侵入罪と軽犯罪法一条二三号の罪とは罪質上通例手段結果の関係にあるものと解するのが相当である。原判決の認定するところによれば、被告人は、正当な理由がなく、原判示〇〇方住居内にひそかにのぞき見る目的で、同人方裏庭に侵入し、これを手段として、右住居内をひそかにのぞき見たものであるというのであり、右住居侵入罪と軽犯罪法一条二三号とは、刑法五四条一項後段の牽連犯の関係にあるものというべきである。

＊　＊　＊

8ミリビデオカメラを用いて便所内の女性の姿態等を撮影する「盗み撮り」行為は、本条二三号の盗視罪に該当し、犯人がその撮影内容を見ていなくても、同罪の既遂罪が成立する（気仙沼簡判平三・一一・五判タ七七三・二七一）

（判決理由）

軽犯罪法一条二三号は、プライバシーの権利の保護を目的とするものであるところ、実質的に見て、肉眼による場合とビデオカメラを用いた撮影録画による場合とで、プライバシーの侵害の有無に何らかわりはない。むしろ、肉眼による場合には、便所をのぞきこんだ犯人の記憶も希薄化し消滅することがあり得るのに対し、便所内の女性の姿態等が録画されたビデオテープは、何度でもそれを再生することが可能であるばかりか、録画したテープを多数複製することが可能であるので、それによる被害が広がつてゆくことがあり得るのであり、ビデオカメラによる撮影録画によるプライバシー侵害の程度は、肉眼によるのぞきこみ行為よりも著しいものというべきである。

他方、軽犯罪法一条二三号は、犯人の行為の動機及び行為の結果としての好奇心の満足等を犯罪構成要件とはしておらず、単に、のぞきこみ行為が存在し、それによつて被害者のプライバシー侵害の結果が発生すれば、犯罪として既遂に達するものと解すべきである。

儀式妨害の罪　（1条24号）

甲と乙女は、保育園当時からの幼馴染みで「大きくなったら結婚しようね」と子供心で約束していた。どこに遊びにいくにも一緒であった。

保育園の遠足にて
3年経ったら結婚しよう。

うれしいわ 子供の頃の夢が実現するのね。

結婚の約束後甲は東京に転勤となり、九州の乙女と離れ離れの生活をしなければならなくなってしまった。最初の1年間ぐらいは毎日のようにラブコールで愛を確かめ合ったり、再会していたが、次第に甲からの電話が途絶え始めた。

2年目——乙女はそんな甲に不信を抱くようになり、
もしや東京に女ができたのでは…？

甲はA子と結婚するそうだ ○日に都内の結婚式場で結婚式があるそうだ。

甲の友達
!

式をメチャメチャにしてやる！

ひどい男…

私を裏切ってひどい人!!

一条二四号　儀式妨害の罪

公私の儀式に対して悪戯などでこれを妨害した者

教官　ここにいう儀式にはどんな行事がありますか。

生徒　儀式というからには、ある程度の厳粛性、宗教的意味合いのものも感じますね。

　具体的には式典、つまり終戦記念日の戦没者慰霊祭、国体の開会式、閉会式、自衛隊の視閲式、学校の入学式、卒業式なども含まれると思います。

教官　儀式を定義づけると、ある程度の人数が集まり、それらの人が一定の目的のために形式的な行事を行うもので、厳粛性が要請されるものをいいます。

　君の言った行事はいずれも儀式ですね。そのほかでは起工式、棟上式、開通式、進水式、表彰式も含まれます。

論点（ポイント）

- ○　公私の儀式
- ○　悪戯などで妨害

生徒　「公私の儀式」とありますが、私的には結婚式とか告別式が該当しますね。

教官　厳粛に行われるものですので本号に該当します。

　また、結婚式の披露宴も、厳粛性が継続していると解されるので、儀式に該当するでしょう。しかし、個人の自宅で家族のみで行う誕生会などは儀式とはいえません。

生徒　それなら音楽会とかファッションショー、各種大会はどうですか。

教官　厳粛性が要求されない単なる催し物は、名称のいかんを問わず儀式とはいえません。ですから君の言うイベントは含まれません。

生徒　メーデーのような行列はどうですか。

教官　行列が儀式の一部として行われていれば本号の適用を受けますが、そうでない場合は当たりません。

生徒　刑法に礼拝妨害罪（一八八条二項）がありますが、同罪に当たる場合は観念的競合になりますね。

教官　そうです。でも議会の開会式とか、入学式、卒業式等のように儀式そのものが業務に当たる場合は、刑法の業務妨害罪のみが成立します。そして、三一号の「業務妨害の罪」にも該当することになり、両罪が成立し観念的競合の関係に立つものと解します。

生徒　行為は、悪戯等で妨害することですが、悪戯の程度とはどの程度でしょうか。

教官　一時的な戯れで、それほど悪意のないものをいいます。偽計とか、威力を用いることも含まれます。

生徒　そうしますと、妨害するとか、式の円滑な進行に支障をきたせばいいわけですね。

教官　そうです。ですから一時的に中止させたり、儀式の参加者に事前に電話等で儀式が中止になった等と伝える行為も妨害ですね。ただ、行為者に妨害する認識が必要ですが、妨害されたという結果が生じたことは必要ありません。

本事例のまとめ

本号で儀式とは、一定の目的のために形式的な行事を行うもので、行事が儀式か否かは社会的通念上儀式と認められるものであれば、その種類は問わず、また宗教的なものであることも要しない。本事例の結婚式は、もちろん本号の行為の客体に該当する。また、結婚式の披露宴は、結婚式とは別のものであるが、社会通念上、厳粛の感情が支配していると認められるので、結婚式ともども儀式といえる。乙女は甲とA子との結婚式の最中に爆竹を鳴らしたもので、その動機は一時的な感情の高ぶりから悪戯で妨害したものである。右妨害は儀式の円滑な進行に支障をきたし、一時的にしろ会場が騒然となり、式の厳粛性が害されたものである。

以上のことから、乙女の行為は本号の刑責を負う。

犯罪事実の記載例

被疑者は、平成〇年〇月〇日午前〇〇時ころ、〇〇市〇〇区〇〇町〇〇番地〇〇教会において甲とA子の結婚式の進行中爆竹を鳴らし、式場内を一時騒然とさせ、もって悪戯で儀式の進行を妨害したものである。

水路流通妨害の罪（1条25号）

一条二五号　水路流通妨害の罪

川、みぞその他の水路の流通を妨げるような行為をした者

教官　本号は、水路の流通を妨げることが溢水の危険、飲料水の供給に支障を生じたり、公衆衛生上からも好ましくないことから、これらの妨げる行為を防止するためのものです。

生徒　ここにいう「川」の中には、運河とか放水路などのような、人工的につくられたものも含まれるのでしょうか。

教官　「川」とは、河川のことで、その大小は問いません。また、君の言うような、運河、放水路、取水路などの人工的につくられたものも含まれます。

生徒　本号の「みぞ」には道路の端にある排水溝や、農地間の排水溝などは含まれますか。

教官　含まれます。「みぞ」は川より狭く、かつ、人工的な水路です。

論点（ポイント）

○　川、みぞその他の水路
○　流通を妨げるような行為

生徒　それなら、「水路」ですが同種の刑罰で七号に「水路妨害の罪」とか、刑法の「往来妨害罪」に水路が表現されていますが異なるものなのですか。

教官　異なります。七号とか、刑法の往来妨害罪は、水上交通の用に供せられるものです。

ところが本号では必要ありません。農業用水路や上水道、下水道、共同住宅の下水管も水路です。ただし、水路ですのでガス管は含まれません。それに、公共用か私有のものかは問いません。

生徒　そして、「水路の流通を妨げるような行為」ということは、流通を妨げるおそれのある行為で足りるのですね。

教官　そうです。水路の正常な水流を妨げることになるような性質の行為をいい、例えば川に大きなものを投げ込んだり、みぞとか、下水道を損壊するおそれのある行為で足ります。

生徒　妨げたという結果は必要ないのですね。

教官　必要ありません。

生徒　でも妨げた結果、刑法の水利妨害とか、水道損壊に該当する場合は、本号は同罪に吸収さ

れると思いますが。

教官　本号は、それらの規定の補充規定にありますので、水利妨害罪等が成立すれば、本号の適用はありません。

生徒　上水道に毒を入れた場合は、別の罪名に触れると思いますが、この場合の本号との関係は同様ですね。

教官　その場合は、刑法の水道毒物混入罪（一四六条）、又は水道汚染罪（一四三条）に当たる場合があり、本号とは保護法益を異にしますので、両罪が成立し観念的競合の関係に立ちます。

本事例のまとめ

甲は、悪戯目的で乙の水路取入口に泥砂や木株を投げ込んだものである。本号の「水路」には上下水道はもちろん、用水路も含まれると解する。また、妨げるような行為は「妨げる行為」とは異なり、社会通念上流通を妨げることになるおそれがあると認められる性質の行為であれば足り、甲の行為は本号に当たる。現実に流通を妨害したことを要せず、甲に行為の認識があれば足りる。

以上のことから、甲の行為は本号の刑責を負う。

犯罪事実の記載例

被疑者は、平成○年○月○日午後○○時ころ、○○県○○郡○○村○○番地先の乙管理にかかる農業用水取入口（幅五〇センチメートル・深さ三〇センチメートル）内に、バケツ二杯の泥砂及び木株を投げ込んで、もって水路の流通を妨害したものである。

排泄等の罪 （1条26号）

甲は、駅構内や橋下等で生活をしているいわゆるホームレスである。
いつも数人のホームレス仲間と一緒に生活している。
改札口
ウィ〜〜
小便がしたくなったなあ
トイレは遠いし
いつものように……！
出口

一条二六号　排泄等の罪

街路又は公園その他公衆の集合する場所で、たんつばを吐き、又は大小便をし、若しくはこれをさせた者

生徒　教官、私の高速道路での立小便は二〇号の検討の結果は無罪でしたね。
教官　そうですね。
生徒　もう一つ問題があります。今から学ぶこの二六号です。
　私の行為の場所は高速道路ですが、本号を見ますと「街路又は公園その他公衆の集合する場所」となっております。
　街路というと町の中を走っている道路という認識がありますが…。
教官　ここでいう街路とは、六号の「消灯の罪」で学んだのと同意義です。覚えていますか。
生徒　市街地の道路という意味があったと思います。

論点（ポイント）

○　街　路
○　公衆の集合する場所

教官　そうです。市街地といい得るには、相当程度の住宅が連続していることが必要です。道路が国道であろうと、市町村道であろうと構いません。
　また、道路の幅の広狭も関係ありません。ですから、田舎道は街路とはいえません。
生徒　それなら町の表通り、裏通りは関係ありませんね。
教官　そうです。
生徒　問題の高速道路は街路に含まれるか否かで、私が晴れて完全無罪になるか否かが決定されるのです。
教官　力が入っていますね。本号の行為である「立小便をしたこと」に該当することは問題ないですからね。
生徒　私は、高速道路は、絶対街路には含まれないと思います。
教官　そうです。君のいうように、高速道路とか、自動車専用道路は含まれません。
生徒　よし、無罪決定！
教官　仮に君が立小便を我慢して、サービスエリアに着いてトイレに駆け込んだところ満員だっ

たので、しかたなくトイレの横の繁みで立小便をしたとしよう。

　当然君の横を通行する人もいるわけですよね。この場合は、本号の適用を受けると思いますか。

生徒　よく分かりませんが、適用されないと思います。
教官　ところがそのような休息施設や駐車場は歩行者が利用する場所ですので「公衆の集合する場所」に当たり、本号の適用を受けます。
生徒　分かりました。気をつけます。気持ちがすっきりしたところで、本号の行為で「たんつばを吐き」とありますが、「たん」とか「つば」を道路とか床に吐く行為ですね。
教官　そうです。
生徒　直接吐かずにティッシュペーパー等に包んで棄てれば吐く行為にはなりませんね。
教官　そうですね。その場合は次の二七号の「汚物等放棄の罪」に該当します。
生徒　本号後段の「大小便をさせる」行為ですが、公園等で幼児に大小便をさせることですね。
教官　そうです。それに容易に制止できるのに、あえて制止しないでいる行為も本号に当たりますね。

本事例のまとめ

　本号の「公衆の集合する場所」とは、平素多数の人が集合する場所であれば足りる。必ずしもその場所に人がいる必要はない。甲は、不特定多数の人が集合したり、通行する公共の駅構内で立小便をしたものであり、当然本号に当たるものと解する。

　以上のことから、甲の行為は本号の刑責を負う。

犯罪事実の記載例

　被疑者は、平成○年○月○日午後○時ころ、○○市○○区○○町○番地所在のＪＲ○○駅構内において立小便をし、もって公衆の集合する場所で小便をなしたものである。

汚廃物放棄の罪　（1条27号）

何とまあ
かわいい
やつだ。
オレ
一番人気！
甲は今一番人気のイグアナに興味を持ち一年前に20センチぐらいのものを購入した。
大きくなったなあ
50センチはあるぞ。
イグアナはオーストラリア等温暖地方の動物であり、寒さが嫌いである。ある朝、甲がイグアナのケースを見たところ、昨夜の寒さのせいか既に死亡していた。
死んでる…困ったなあ
どこへ捨てよう。
リンゴ
ここで
いいだろう。
……誰も
見てないな。
三丁目
児童公園

一条二七号　汚廃物放棄の罪

公共の利益に反してみだりにごみ、鳥獣の死体その他の汚物又は廃物を棄てた者

生徒　公共の利益に反しない放棄というのはあるのですか。
教官　「公共の利益に反する」とは、不特定、かつ多数の人が迷惑するような状態をいいます。
　例えば、公衆の利用する道路や公園、広場、それに公共の乗物内に汚物や廃物を棄てる行為や、有毒な廃水を河川に流出させる行為があります。
　逆に、皆が利用するキャンプ場の一角に大きな穴を掘ってごみや汚物を投棄することは該当しません。
生徒　単に個人に迷惑をかける行為には本号の適用はないのですか。
教官　そうですね。「公共」が要件になっていますので、隣の家の庭にごみを棄てても特定の人に対する迷惑に過ぎません。

論点（ポイント）

- ○　公共の利益に反して
- ○　みだりに
- ○　鳥獣の死体その他の汚物又は廃物
- ○　棄てる

生徒　自分の敷地内に穴を掘って処分することは、自分のごみは自分で処理することであって、よいことですよね。
教官　でもね、たとえそうであっても、蝿がたかるとか、悪臭がするようなことがあれば、公共の利益に反する行為になることも考えられますよ。
　公共の利益に反する行為かどうかは、行為の場所、態様、方法等の一切の事情を総合して社会通念に照らして判断すべきものですね。
生徒　「廃物」ですが、これは廃棄物ということですか。
教官　これは、君も知っているように「廃棄物の処理及び清掃に関する法律」にいう「廃棄物」と同じ概念です。つまり、「ごみ、粗大ごみ、燃え殻、汚泥、ふん尿、廃油、廃酸、廃アルカリ、動物の死体その他の汚物又は不要物であって、固形状又は液状のもの」をいいます。
生徒　教官、犬の散歩で飼い主が犬のフンをそのまま放置することは、本号に該当する行為ですね。

教官　これについては本号に当たると思います。「棄てる」とは管理権を放棄することですよね。飼い主は犬を管理支配していることは間違いないのですが、飼い犬が路上にフンをしたのを知りながら、放置して立ち去れば、不行為による「棄てる」に当たります。

　このような場合は、各都道府県市町村で規定している条例で処罰することになります。

生徒　本号と競合する刑罰法規はあると思いますがどんなものがありますか。

教官　そうですね。大気汚染防止法、水質汚濁防止法、河川法施行令、海洋汚染等及び海上災害の防止に関する法律、自然公園法、毒物及び劇物取締法等があげられます。

　これらの法律に該当するときは、これらの罪が成立し本号の適用はありません。

生徒　「みだりに」が要件ですが、むやみにという解釈でよいですか。

教官　要するに、常識的に考えて棄ててはいけないところにむやみに棄てるような行為をいいます。

本事例のまとめ

　本号の成立趣旨は、公衆衛生の保持にあり、甲は、イグアナを公園に棄てたもので、不衛生極まりない行為である。またイグアナは、本号の鳥獣に含まれると解する。行為が公共の利益に反するか否かは、当該行為の場所、態様、方法等を総合して社会通念に照らして判断する必要があるが、甲の行為は、不特定多数の人が迷惑を受ける反社会的行為である。また常識に反する場所に棄てたもので、本号の「公共の利益に反し」に当たる。また甲の行為は、イグアナの死体の処分に困ってのものであり、その意思は管理権を放棄するための行為である。

　以上のことから、甲の行為は本号の刑責を負う。

犯罪事実の記載例

　被疑者は、平成○年○月○日午後○時ころ、○○市○○町○○番地所在の○○児童公園において、自己が飼育中の爬虫類イグアナが死亡したことでその処分に困り、みだりに棄てたものである。

追随等の罪（1条28号）

甲と乙は同級生で、毎週土曜日は繁華街とかディスコで女子高校生や若い女の子をナンパしてはドライブやカラオケに誘って遊んでいた。

ナンパしようぜ。

オーケー
おい隣の車いい女が運転してるぜ！

どれどれ？

よしちょっとからかってやるか。

やろう！やろう！

トロトロ走ってるとぶつけるぜ！

30分にわたり
どうしよう怖いわ。

助けて……！

一条二八号　追随等の罪

他人の進路に立ちふさがつて、若しくはその身辺に群がつて立ち退こうとせず、又は不安若しくは迷惑を覚えさせるような仕方で他人につきまとつた者

生徒　本号は都道府県で制定している迷惑行為防止条例に規定している内容ですよね。

教官　本来の本号の目的は、いわゆるダフ屋、ショバ代、客引き行為といった小暴力に直結しやすく、人の行動の自由を妨害するおそれのある行為を禁止し、善良な市民を保護することにあるのです。制定当時のような戦後の経済や治安の不安定な時期にあっては、本号の適用が効果があり、その目的も十分発揮されたのです。でも、君の言うように、その後条例が整備されたことで、これら本号の内容は条例に譲っている部分が多いですね。

生徒　歩いている時に前に立ちふさがれたために引き返そうとしたところ、またその進路に立ちふさがった場合も本号に当たりますか。

論点（ポイント）

- ○　進路に立ちふさがって、若しくは立ち退こうとしない
- ○　身辺に群がる
- ○　不安若しくは迷惑を覚えさせるような仕方
- ○　つきまとう

教官　行く手をふさぎ、その行動の自由を阻害する行為をいいますので、当然「他人の進路に立ちふさがる」行為の一態様です。

生徒　時間的継続が必要でしょうね。

教官　後段の「身辺に群がって立ち退こうとしない」行為とともに一種の継続犯ですね。

生徒　相手の人が「向こうに行ってください」とか、「つきまとわないでください」等と要求した事実が必要ですか。

教官　必要ありません。でも、行為が進路の妨害となるおそれがあることの認識は必要です。また相手が要求すれば、立ち退く意思があったとしても本号は成立します。

生徒　ファンが芸能人を取り囲むようにサインを求めることは、その芸能人の行動を妨害していますよね。このような場合はどうですか。

教官　状態から見れば本号に当たると思います。でも可罰性に関してはどうでしょうか。むしろ芸能人の暗黙の了解があると推定できる行為だと思います。つまり、被害者の同意により違法

性が阻却されるものと考えることが相当かと思います。

生徒　警察官の尾行は違法性が阻却されますね。後段の行為ですが、「つきまとう」と「立ちふさがる」とは同じような意味ではないのですか。

教官　尾行は警察官の正当な業務ですから当然ですね。「つきまとう」とは、しつこく人の行動に追随することであり、「立ちふさがる」とは、行く方向に立ったり、退こうとすればその方向に立つという状態をいい、ある程度相手との接近性があります。

生徒　追随ですと一定の距離的間隔をおいて尾行したり、相手が追随を嫌がっているのに追随しながら客引きをする行為が当たるのでしょうね。

教官　そうですね。これらの行為は相手が不安になり、迷惑を覚えるような方法・態様を禁止しているのです。ですから、行為者自らが進路をふさぐことはもちろん、本事例のように自動車で行う場合も当たります。

生徒　確かに前段は「不安若しくは迷惑」が要件に含まれていませんね。

教官　ダフ屋や客引き行為がまさに後段の形態ですね。

生徒　人の自由を拘束するようであれば、監禁罪ないしは逮捕罪ではないのですか。

教官　人の行動を阻害する程度が高く、一定の場所から脱出することができない状態であれば同罪が成立し、本号の適用はありません。暴行ないし脅迫の程度に達しておれば、それぞれの罪が成立し、本号は吸収されます。

本事例のまとめ

本号の「他人の進路に立ちふさがる」とは、進もうとすればその進路に立ち、退こうとすればその進路に立つという状態をいい、両者にある程度の接近が必要である。また、両者は必ずしも歩行者に限定されておらず、本事例のように自動車対自動車という関係であっても成否に影響しない。甲乙両名は、A子に対し三〇分間継続して追随したものであり、A子に計り知れない不安感を与えたものである。また現実にA子に不安や迷惑を覚えさせたことは必要でない。以上のことから、甲らの行為は本号の刑責を負う。

犯罪事実の記載例

被疑者甲、同乙は共謀の上、平成〇年〇月〇日午後〇時ころ、〇〇市〇〇町〇〇番地先路上を普通乗用自動車で走行中、右路上で信号待ちのA子（〇歳）が運転する普通乗用自動車を認めるや、同女の車両を追随又は並進する等不安を覚えるような仕方で同所から同市〇〇町〇〇番地先路上までの三〇分間にわたり同女につきまとったものである。

暴行等共謀の罪　（1条29号）

一条二九号　暴行等共謀の罪

他人の身体に対して害を加えることを共謀した者の誰かがその共謀に係る行為の予備行為をした場合における共謀者

生徒　確か刑法にも予備罪がありますが、本号の予備行為と同意義ですか。
教官　そうです。ある犯罪を実行するための準備行為で、実行の着手に至らないものをいいます。ですから、必ず内心の事実のみではなく、外部に現れたものでなければなりません。
生徒　何か心の中まで法律によって制約を受けるというか、思想にまで取締りを受けるような気がしますね。
教官　立案者は「戦後の混乱した世の中にあって集団犯が危険行為に出たり、集団犯が社会的不安を醸成しているので、これに対する取締りは早い段階が効果が大きい。他人の身体に害を加えることを謀議したこと自体社会的危険性がある。しかし話し合ったのみで罰するのは酷であり、そこに何か具体的な行動を謀議者の一人が行った時点で刑罰をもって臨もうと考え、でき上がった条文です」と説明しています。

論点（ポイント）

○　他人の身体に対して害を加える
○　共謀に係る行為の予備行為

生徒　何かよからぬことを考える者は、早い時期に取り締まり、封じ込める手立てとして規定したもののような気がしますね。
教官　でも、本号は「他人の身体に対して害を加えることを共謀した」場合のみとしています。ですから、どんな謀議でも処罰することを目的とはしていません。
生徒　といいますと、罪種としては傷害、暴行、殺人等の行為でしょうか。
教官　そうですね。それ以外では、暴行等を手段とする強盗、強制性交等、強制わいせつ、公務執行妨害、威力業務妨害等も含みます。
生徒　殺人とか強盗には予備罪が規定されていますね。
教官　そうです。その場合は本号は吸収されます。
生徒　共謀というからには、どのように実行するかなどの謀議は必要でしょうね。例えば「おまえが車を用意する」とか「おまえが呼び出す」

とか「いつ、どこで襲う」等と謀議することですね。
教官　謀議というのは相互の意思の連絡ですから、共謀といえるには当然共謀共同正犯が成立する程度の意思の連絡は必要ですが、具体的に構成要件を充足するまでの謀議は必要ありません。
生徒　謀議したのみで、いまだ予備行為も実行していない段階で処罰する法律はありますか。
教官　刑法の内乱罪のような重大犯罪や、違法争議行為の遂行の共謀等を処罰する国家公務員法があります。
生徒　二号に「凶器携帯の罪」があり、本号と競合する部分がありますが、観念的競合で両罪が成立しますか。
教官　そうですね。それ以外では銃砲刀剣類所持等取締法や火薬類取締法等にも該当する場合も同様です。
生徒　もう一つ質問ですが、本号は共謀した者の中の一人が予備行為を行えば本号の適用を受けることになるのですが、事例のように警察に通報した丁も処罰されることになるのですか。丁の行為は自首に当たりませんか。
教官　よいところに気がつきましたね。当然、丁も本号で処罰されることになります。でも本法二条「刑の免除、併科」で情状により刑が免除になることも考えられますし、刑法の自首の適用を受けることにもなります。

本事例のまとめ

甲らは、犯行用具を準備し、待ち伏せしただけであり、何ら強制性交等の行為に着手していないので未遂罪は成立しない。本号の「他人の身体に対して害を加える」とは暴行、傷害など相手方の身体そのものに対する加害を目的とする行為のみならず、暴行等を手段とする強盗、強制性交等、公務執行妨害等を目的とする行為も含まれる。また、「共謀」とは特定の犯罪について相互に意思の連絡を図ることであり、教唆又は幇助行為も含む。なお予備行為は単に内心の企画や共謀行為のみでは足らず、共謀者の誰かが現場の下見をするとか、待ち伏せ等の外部的行動に現れる必要がある。甲らは強制性交等をする目的で待ち伏せしたものであり、甲らの行為は本号の刑責を負う。

犯罪事実の記載例

被疑者甲、同乙、同丙、同丁は、A子に対し強制性交等をすることを共謀し、平成○年○月○日午後○時ころ、被疑者甲、同乙は○○市○○町○丁目○番地○○公園において帰宅するA子を待ち伏せ、被疑者丙は同公園駐車場に止めた自己の普通乗用自動車内で待機し、それぞれ犯行の予備行為をなしたものである。

動物使そう・驚逸の罪 （1条30号）

一条三〇号　動物使そう・驚逸の罪

人畜に対して犬その他の動物をけしかけ、又は馬若しくは牛を驚かせて逃げ走らせた者

生徒　教官、この三〇号もユニークといえばしかられるかもしれませんが、ユニークですね。動物をけしかけたり、馬とか牛を驚かせた者が処罰されるのですから。
教官　これは、本法の前身である警察犯処罰令を受け継いだものです。
　本号は人畜に危険を生じさせる行為ですから禁止しているのです。
生徒　前段の「犬その他の動物をけしかける」ことですが、どんな動物でもけしかけて従う動物ばかりではありませんよ。犬でも従わない犬もいますからね。
　けしかけてもこれに応じなければ本号の適用はありませんんか。
教官　確かに「犬その他の動物」となっていますが、どんな動物であってもかまいません。でもけしかける行為が違反になるのですから、けしかけられて人畜に害を及ぼすおそれのある動物に限定されます。
　それと、けしかけられた犬にその気があったか、否かとか、現実に人畜に害を加えたかどうかは成否に関係ありません。
生徒　後段も、牛とか馬を驚かせて逃がせば処罰されるのですね。これについても現実に相手を傷付けたとか、物を破壊したとかの結果は必要ないのですか。
教官　そうです。特に馬とか牛は、人の生活の中にあって驚いて逃げやすい動物ですから他の動物と比べて危険性も高いので、後段は馬と牛に限定しているのです。
生徒　馬とか牛以外の動物を驚かせて逃がした場合はどうなりますか。
教官　それは一二号の「危険動物解放の罪」が適用になる可能性があります。ただし一二号は、人畜に害を加える性癖のあることが明らかな動物に限られますがね。
生徒　教官、質問の続きですが。

論点（ポイント）

○　犬その他の動物
○　けしかける
○　驚かせる

教官　そうでした。結論から言いますと、結果は必要ありません。そして傷害、傷害致死、器物損壊罪等が成立し、本号の罪はこれらに吸収されてしまいます。

生徒　教官、他人が乗っている馬を驚かせて走らせた場合はどうなりますか。

騎手がいるのでコントロールできますから問題ないですね。

教官　驚かせて逃げ走らせる方法は、棒で突いたり、物を投げ付けたり、大声や奇声を出すとか、爆竹を鳴らす等のことをいい、驚かせて逃げ走らせることとは、人の支配を離れたり、人の制御が困難な状態で走らせることをいうので、君のいうような場合でも本号で処罰されます。

生徒　本号の行為者は、驚かすことの認識があればいいのですか。

教官　驚かせて逃げ走らすことが要件ですから、驚かすことの認識と、その結果逃げ走らすことの認識が必要になります。

本事例のまとめ

本号前段の「人畜」とは人又は家畜をいい、当然飼い犬も含まれる。甲は、自己の飼い犬がA子の子犬に対して攻撃するよう鎖を解いたものであり、「けしかける」行為に当たる。また、当該動物が、人畜を攻撃する動作に移ったかどうかは問わない。

以上のことから、甲の行為は本号の刑責を負う。

犯罪事実の記載例

被疑者は、平成○年○月○日午後○時ころ、○○市○○町○丁目○番地○○公園において、散歩中のA子及び同人の飼い犬「ポチ」に対し、自己の飼い犬の鎖を解きこれをけしかけたものである。

業務を妨害する罪　（1条31号）

一条三一号　業務を妨害する罪

他人の業務に対して悪戯などでこれを妨害した者

生徒　本号は刑法の業務妨害罪の補充規定ですね。
教官　そうです。業務妨害罪のみならず、公務執行妨害罪を補充したものでもあります。
生徒　行為の対象は「他人の業務」ですが、この業務は公務も含まれるということですか。それと、自己以外すべて他人ですよね。
教官　そうです。自己以外とは自然人はもとより法人、社団、国又は地方公共団体も他人に含まれます。
生徒　本号のポイントは業務に当たるか否かが問題かと思います。
教官　業務というのは、「人がその社会的地位に基づいて継続して行う仕事」をいいます。刑法の業務妨害と同解釈ですが、本号はそれだけではなく、先程も話しましたが公務員の行う仕事も

論点（ポイント）

- ○　業　務
- ○　悪　戯
- ○　妨　害

本号の業務に含まれると解します。
生徒　そうですよね。軽犯罪法で一般業務に対する妨害を整備し、公務に対する妨害の規定がされていないのはおかしいですね。
教官　確かに刑法の業務妨害罪にいう「業務」の解釈に関する判例を見ると、権力的な公務は業務に当たらないとしています。そして公務に対する妨害は別の公務執行妨害罪によって処罰しております。しかし、本号の「業務」は、権力的公務、非権力的公務も含み、広く公私の業務が含まれます。
　要するに、公務員の職務も一般私人の業務も含まれるということです。
生徒　行為は「悪戯で妨害すること」ですが、「いたずら」ということでしょうか。何かあいまいで漠然とした表現ですよね。
教官　そうですか。一時的な戯れでそれほどの悪意のないものをいいます。儀式妨害罪(一四号)の「悪戯」と同意義です。
生徒　悪戯心で行う些細な方法ということになりますね。
　偽計又は威力を用いたり、暴行又は脅迫によ

って妨害した場合は、刑法の適用となると思いますが、本号の「悪戯」の程度の度合いによっては刑法に該当する場合があるわけですね。

教官　そうです。本号は「悪戯など」とあるように、この「など」とは、他人の業務の妨害となる一切の行為で、刑法の業務妨害とか公務執行妨害に当たらない行為と解されています。

生徒　具体的には「寿司屋に架空の名義で虚構の注文をし配達させる行為」とか「ラーメン屋に朝から晩まで無言電話を何回となくかけ、電話注文できなくする行為」などですね。

教官　君の言うような行為ですと、刑法の業務妨害罪が成立します。

本号の行為はもっと些細な行為です。例えば消防自動車のサイレンを鳴らすとか、非常ベルを押す行為をいいます。

生徒　教官、国家公務員の靖国神社参拝は公務（業務）でしょうか。これに対して本号に当たる程度の悪戯をした場合はやはり本号で処罰することになりますか。

教官　公務か否か見解が分かれています。私は公務とは思いません。参拝というものは本人の信心で行うもので、宗教上の儀式と思います。本人の身分とか肩書きで行うものではないものと思っています。ですから参拝行為を妨害したのであれば、単に二四号の「儀式妨害の罪」が成立し、本号は当たらないと思います。

生徒　儀式が業務に当たるような行為はどんなものがありますか。

教官　ある儀式が業務に当たるかどうかは、微妙な事実関係によって異なります。裁判例も「団体の結成式というような行事はその性質上、一回的、一時的なものであって何等継続的な要素を含まないものであるから、これをもってその団体の業務であるとすることはできない」（東京高判昭三〇・八・三〇）として業務性を否定したり、民社党の党大会を妨害した事案で、大会は業務であるとして業務性を認めている（東京高判昭三七・一〇・二三）ものもあります。

生徒　本号の行為が公務に対して行われた場合、八号の「変事非協力の罪」とか、一六号の「虚構申告の罪」、一八号の「要扶助者・死体等不申告の罪」、一九号の「変死現場等変更の罪」にも該当する場合があると思いますが、本号との関係はどうなりますか。

教官　これらの規定は、本号に対して特別規定の関係にあるので、それらの罪のみが成立し本号の適用はありません。

本事例のまとめ

他人の業務を妨害するに当たり、刑法の業務妨害、威力業務妨害に至らない程度の妨害については、本号が成立する。「偽計」、「威力」と「悪戯」との区別は、行為者の主観的意図及び客観的態様等を総合し、社会的通念に照らして判断することになる。甲は嫌がらせの目的で、店員の隙を見て照明スイッチを切ったものであり、主観的意図、態様、妨害の程度からして悪戯に当たる。また、本号のほかに六号「消灯の罪」が考えられる。同号における「公衆の……集合する場所」は屋外、屋内を問わず、劇場、飲食店等がこれに当たる。また「消した」とは、灯火の器具、設備を破壊することなく単に照明を消すことであり、本事例のようにスイッチを切ることが当たる。

以上のことから、甲の行為は、本号及び六号の刑責を負い、両罪の関係は観念的競合の関係にある。

犯罪事実の記載例

被疑者は、平成○年○月○日午後○時ころ、○○市○○町○丁目○番地飲食店「スナック○○」(経営者○○○○)店内において、店内備え付けの照明スイッチを切り、右店内を暗くし、もって悪戯で同店の業務を妨害したものである。

●参考判例●

甲が乙を詰責し、あるいは困惑させるようなことを申向けてその業務を妨害したとしても、客観的に乙の自由意思を制圧するに足りる威力を用いたと認め難い場合には、刑法二三四条の威力業務妨害罪には当らず、本条三一号の罪が成立する(広島高判昭二八・五・二七高刑集六・九・一一〇五)

＊　＊

列車の制動機を故なく緊締する場合、他人がこれを知らなかつたり、あるいは緊締していないものと錯誤に陥つていることを利用して、業務を妨害せんとする意図に出たものでない限り、これにより業務を妨害する所為は、本条三一号に当るにとどまり、刑法二三三条の業務妨害罪は成立しない(大阪高判昭二九・一一・一二高刑集七・一一・一六七〇)

＊　＊

百貨店四階催場において日中友好協会県支部が主催する中国物産展会場で、中華人民共和国の物産展示なることを標示するため、天井より吊下げ掲示されていた同支部の中華人民共和国国旗様の旗一枚を両手で引降して、右標示物を取除いた行為は、本条三一号の罪に当る(長崎簡略式命

令昭三三・一二・三判時一七二・一五）

＊　　＊

地下歩道内の非常ベルをいたずらで押した行為につき、本条一六号でなく、同条三一号に当る（旭川簡判昭五〇・七・二刑裁月報七・七―八・七九五）（72ページ参照）

＊　　＊

キャバレーの開店披露の日、客席においてコンロで牛の内臓やにんにくを焼いて悪臭を放ち、かつ狼藉を極め、満員の遊客をして退席を余儀なくさせた所為は本条三一号に当らず、刑法二三四条の威力業務妨害罪が成立する（広島高岡山支判昭三〇・一二・二三高刑特報二追録・一三四三）（31ページ参照）

＊　　＊

他人名義で虚構の注文をして、徒労の物品配達を行わせる行為は本条三一号に当らず、刑法の偽計による業務妨害罪が成立する（大阪高判昭三九・一〇・五下級刑集六・九―一〇・九八八）

（判決理由）

被告人は右結果の招来を意に介することなく、本件各被害者らに対し電話によつて真実前認定の如き注文依頼があつたように慎重巧妙に同人らを欺きとおし、その錯誤を利用するという策略手段に訴えた次第であり、その動機、目的、態様に照し右の手段は軽犯罪法第一条第三一号にいう悪戯と目しうる程度を超え、刑法第二三三条にいう偽計に該ると解するのが相当である。

＊　　＊

相手方の業務を妨害する意図をもつて、三箇月足らずの間約九七〇回にわたつてなされた無言電話は、受信者である相手方の錯誤ないし不知の状態を利用するものであるとともに、その目的、態様、回数等に照らし、社会生活上受容できる限度をこえ不当に相手方を困惑させる手段術策にあたり、本条三一号ではなく、刑法二三三条にいわゆる偽計を用いた場合にあたる（東京高判昭四八・八・七高刑集二六・三・三二二）

（判決理由）

（軽犯罪法一条三一号）にいう「他人の業務に対して悪戯などでこれを妨害した」とは偽計にもあたらない違法性の軽度のいたずらあるいはこれに類する些細な行為により他人の業務を妨害した場合をいうものと解されるところ、前段に説示したような被告人の原判示所為は右にいわゆる「いたずら、あるいはこれに類する些細な行為」と目し得る程度を遥かに越えるものであり、軽犯罪法の右規定をもつて律すべき場合にあたらないことは明らかであるから、所論は到底採用することができない。

田畑等侵入の罪（1条32号）

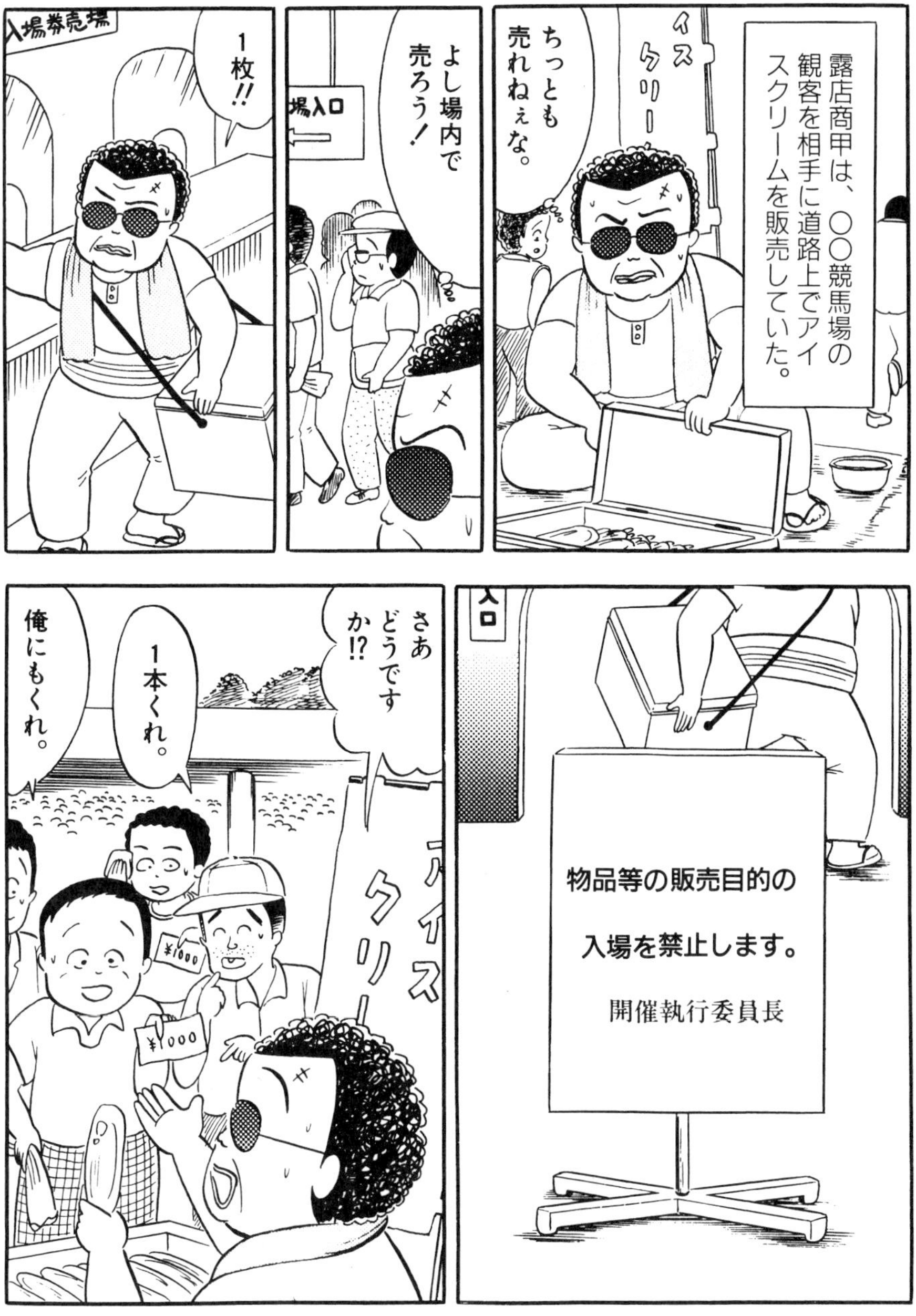

一条三二号　田畑等侵入の罪

入ることを禁じた場所又は他人の田畑に正当な理由がなくて入つた者

生徒　この三二号の行為の対象は、「入ることを禁じた場所」と「他人の田畑」ですが、「入ることを禁じた場所」は分かるとしても、後段の「田畑」とは妙な気がします。法律をもって処罰しなければならないほどのことかと考えさせられます。

教官　本号の目的は、立入禁止の場所や耕地の管理権の保護と、耕作物等の盗難と損壊防止にあるのです。確かに当時は経済情勢も不安定で、会社の労使関係のもつれから、労働運動が盛んであったことも事実です。また、本号は刑法の住居侵入罪の補充規定でもあり、刑法で処罰できない部分を本号で処罰しようとした意図があったのです。

生徒　事件があって警察官が現場保存のために、

論点（ポイント）

○　入ることを禁じた場所
○　正当な理由がなく

立入禁止をすることがありますが、この場所は本号の対象場所ですか。

教官　そうです。本号では占有者、管理者が立入禁止を外部に表明した場所をいいます。

生徒　意思表示はどんな方法でもよいのですか。

教官　構いません。立札、貼り紙、縄張り、柵等の方法でもいいし、口頭でも構いません。当然本号には法令によって立入りを禁止されている場所も含みます。

生徒　自動車内も含みますか。施錠されておれば立入禁止の意思表示がなされていると思いますが。

教官　「場所」は地域や建造物及びこれらの一部分のほか、建物に準ずるようなものも含みます。ですから自動車はこの建物に準ずる場所といえるかどうかが問題かと思います。

確かに土地の定着物ではないのですが、社会通念上これに準ずる場所と私は考えます。

生徒　よく電話ボックスの中に、ピンクチラシが貼られているのを見かけますが、チラシを貼るためにボックスに入る行為はどうなりますか。

教官　私も見たことがあります。ガラス一面に貼ってありました。その電話ボックスに、そのような行為を禁止する旨の表示があった場合、チラシ貼りの目的で入れば本号違反になります。

生徒　それならば、電話の目的で入って、そのついでにチラシを貼る行為はどうなりますか。

教官　判断としては非常に微妙なところです。判例も「ビラを置く目的でボックスに入り、たとえ通話の目的が並存していても本号に当たる」としたものもあります。主観的目的がいずれかということになるのではないかと思います。

生徒　立札とか貼り紙等禁止表示には気がつかなかったと否認する者もいると思いますよ。

教官　いるでしょうね。確かに本号の成立には立入りを禁止した場所であることの認識が要件です。誰でもが認識できる状態であれば、認識した事実を否認していても本号の成立に影響ありません。

生徒　公園に行きますと「芝生内立入禁止」の立札が目に付きますが、これを認識し、あえて立ち入れば本号違反ですね。

教官　そうです。残りは可罰性の問題ですがね。場所は公の物であろうと私的な物であろうと問いません。当然行為者に正当な理由があって立ち入るものであれば一向にかまいません。

生徒　入ることを禁止した建物、邸宅、船舶は人の看守する邸宅等に当たりますので、これらに正当な理由なく立ち入れば刑法の住居侵入罪が成立し、看守していないこれらの場所であれば一号の罪が成立しますよね。

教官　そうです。一号と本号が競合することはありません。

本事例のまとめ

甲は、アイスクリームを販売する目的とはいえ、正規の入場料を支払うことによって自由に入場できる競馬場に立ち入ったものであり、右行為は本号の「入ることを禁じた場所」に当たるかどうかが問題である。右場所とはその場所の占有者、管理者が他人の立入りを禁止する意思を表示した場所をいい、競馬場は一種の娯楽施設として一定の入場料を支払うことによって、不特定多数の者の入場が認められている場所であり、本号の場所に当たらない。しかし、開催執行委員長によって「物品等の販売目的を有する者」に限っては、その権限で立入りを禁止している場所であり、その旨立札によって外部に明示されていたことで、本号の場所に当たる。甲は、これを無視して入場したものであり、また販売目的は正当な理由とはいえない。

以上のことから、甲の行為は本号の刑責を負う。

犯罪事実の記載例

被疑者は、正当な理由がないのに平成○年○月○日午前○時ころ、物品販売目的の入場を禁止した○○市○○町○○番地○○競馬場内にアイスクリーム販売の目的で立ち入ったものである。

●参考判例●

進駐軍の看守する原野の射撃場に侵入する所為は刑法一三〇条にあたらず、本条三二号の罪が成立する（仙台高判昭二七・四・二六高刑特報二二・一二六）

（判決理由）

右射撃場は進駐軍の看守するものではあるが、その周囲に柵などもなく、その中には建物等もなく、広大な山の上の場所であることが認められ、記録を精査しても右の認定に誤があることは認められないから、右射撃場は濫りに出入することを禁止した場所（軽犯罪法第一条第三十二号参照）であるとは謂い得るが、刑法第百三十条に所謂人の看守する邸宅又は建造物を以て目すべきものではない。

＊　＊

厚生大臣の許可なく、物品（アイスクリーム）販売の目的で、国民公園皇居外苑に立ち入る所為は本条三二号にあたる（東京高判昭三二・一〇・一四高刑集一〇・一〇・七五三）

（判決理由）

皇居外苑内は一般に入ることを禁じた場所ではないが、その管理者である厚生省国立公園部が厚生大臣の許可を受けていない物品販売業者の立入りを禁じた場所であることが明らかであつて、従つて厚生大臣の許可を受けていない物品販売業者に対しては皇居外苑は軽犯罪法第一条第三十二号前段にいわゆる「入ることを禁じた場所」に該当するものといわなくてはならない。尤も軽犯罪法第一条第三十二号前段の罪は入ることを禁じた場所に入つただけで成立するのではなく、入ることを禁じた場所に正当な理由がなくて入つた場合に始めて成立するのであるから、厚生大臣の許可を受けていない物品販売業者といえども、物品を販売する目的でなく、単に見物又は散歩等の目的で入つた場合は一般人が入つた場合と同様前記法条違反の罪は成立しないのであるけれども、国民公園管理規則第三条によると国民公園内で物品を販売しようとする者は厚生大臣の許可を受けなければならないと規定されており、皇居外苑が国民公園であることは同規則第一条により明らかである。そして被告人は厚生大臣の許可を受けないでアイスクリームを販売する目的で皇居外苑に立入つたもので即ち右規則違反の行為をする目的で立入つたのであるから、軽犯罪法第一条第三十二号にいわゆる正当な理由がなくて入つたものというべく同条違反の罪を構成すること勿論である。

＊　＊

デートクラブのチラシを置く目的で公衆電話ボックス内に立入る行為は本条に当る（仙台高判昭六〇・四・二三高刑速報（昭六〇）三六九）

（判決理由）

本号は、立入禁止の場所や耕作地の管理権を保護するとともに、耕作物等に対する窃盗や損壊行為等を未然に防止することを目的としたものであるが、その保護の対象は、管理権者が他人の立ち入りを禁止する意思を表明した場所のすべて、又は、他人の田畑であつて、これらの場所に正当な理由がなく立ち入つた場合には本号に該当するものと解すべき……。

所論は、本号の立法趣旨は、立入禁止の場所や耕作地の管理権を保護するとともに、耕作物等に対する窃盗や損壊行為を防止しようとするものであるから、被告人に窃盗や物の損壊行為の危険性を伴わず、電話利用の意思がなかつた点を除いては、一般公衆の電話ボックスの利用と全く同一の行為態様でなされた本件立ち入りは、本号の予定する違法性を具備していないと主張するが、本号は、窃盗や物の損壊行為の危険性を伴う場合に限らず、およそ管理権を侵害して立ち入る場合に成立するものと解されるところ、被告人に窃盗や物の損壊行為の危険性がなかつたからといつて、被告人が正当な理由がなく立入り禁止場所に立ち入つたことは、その管理権を侵害したことになるから、本件犯罪の成立、ことにその違法性を左右するものではなく、被告人の本件立ち入りが本号の予定する違法性を具備していなかつたということはできない。

所論は、又、本件立ち入りは、一般人が通話目的で電話ボックスに立ち入るのと行為態様において何ら相違がないから、管理権者の意思に反したものではなく、管理権者が消極的ながら承諾をしている範囲内の立ち入りであつて違法性がない旨主張するが、管理権者たる原判示電話局長が電話ボックス入口に前記シール（編者注・電話ボックスにちらしを置くなど、通話以外の目的で立ち入ることを禁止し、併せて、違反者に対しては処罰される旨の警告文を記載したシール）を貼付して、ちらしを置くなど通話以外の目的で立ち入ることを明示の意思をもつて禁止しているのであるから、被告人の本件立ち入りにつき、管理権者の承諾が消極的にもあつたということはできず、一般人が通話目的で電話ボックスに立ち入るのと行為態様において相違がないからといつて、本件行為は違法性がないということはできない。

はり札、標示物取除き等の罪（1条33号）

一条三三号 はり札、標示物取除き等の罪

みだりに他人の家屋その他の工作物にはり札をし、若しくは他人の看板、禁札その他の標示物を取り除き、又はこれらの工作物若しくは標示物を汚した者

生徒　この三三号の趣旨は、工作物とか、標示物に関する財産権、管理権の保護にあるのですね。

教官　一〇〇点満点なら六〇点ですね。本号は併せて工作物とか標示物そのものの美観を保護しようとする趣旨も含まれています。

生徒　本号は、時々裁判で憲法二一条の表現の自由を制限するもので、違憲であると争われていますね。

教官　そうですね。判例はいずれも違憲の主張を退けています。その理由は、「たとえ思想を外部に発表する手段であっても、その手段が他人の財産権、管理権を不当に侵害するごときものはもとより許されない」というものです。

論点（ポイント）

- ○　他人の家屋その他の工作物
- ○　はり札をする
- ○　取り除く
- ○　汚す

生徒　前段の「他人の家屋その他の工作物にはり札をし」ですが、家屋とその工作物とはどう違いますか。

教官　家屋というのは例示で、当然工作物を含みます。その工作物は、建物より広い概念で、門、塀、橋、電柱、ポスト、電話ボックス等一切の建設物をいいます。ですから、自動車とか街路樹は含まれません。

生徒　街路樹に立札とか看板を取り付ければ何らかの犯罪ではないのですか。

教官　各市町村にこれらの行為を禁止する条例があればその罰則で処罰されます。

生徒　教官、「はり札」とは馴染みのない言い方ですが貼り紙ですか。

教官　貼り紙とは限りません。その材料は木でも、金属でも、プラスチックでもかまいません。ですから、ポスターとかビラもこれに当たります。

生徒　「はり札をする」という行為ですので、壁やトタン塀に直接スプレーで書き付ける行為は本号に当たりませんね。

教官　本号の前段には当たりませんが、後段の「汚す行為」に当たります。工作物等にはり札をす

るということはのりで貼る、セロテープで止める、釘で打ち付ける、紐で結ぶ等の行為をいいます。
生徒　先程の三二号でも出ましたが、デートクラブのカードを電話ボックス内の電話機やガラスの隙間に差し込んで置く行為ははり札には当たりませんね。
教官　差し込むことによってカードが付着状態になれば本号に当たると思います。ただ単に電話機の上に置いておく行為は当たりません。
生徒　「みだりに」とは七号の「水路交通妨害の罪」でいうところの「みだり」と同意義ですか。
教官　そうです。社会通念上正当な理由がない場合をいいますね。違法性を表現する用語です。
生徒　はり札をしても「みだりに」に該当しない行為はあるのですか。
教官　それはあります。「建物の所有者や管理人が不在とか不明のため急速に承諾を得ることができない時、承諾を得ずはり札をしてもその内容が一般に急告を要する事項で形状や位置も妥当であるような場合は、はり札をしたものに該当しない」という判例もあります。
生徒　「みだりに」は、中段、後段にもかかる言葉ですね。
教官　そうです。
生徒　そうしますと中段は、「みだりに他人の看板、禁札その他の標示物を取り除く罪」ということになりますね。看板は分かりますが、禁札とは何ですか。
教官　それは一定の禁止行為を表示した札をいい、例えば立入禁止とか、禁煙等と表示してあるものをいいます。
生徒　「煙草は御遠慮ください」と記載されている札のことですね。公園の芝生内立入禁止の札を取り除けば、やはり本号の行為に当たるわけですね。その他の標示物というのは、町内掲示板の案内文書とか、壁に貼ってある広告、ポスター等のことですね。
教官　そうです。本号は「その他の」で結んでいるように、看板、禁札はその例です。それ以外では道路標識や表札も含まれ、他人に対して何らかの意味を表明したものすべてをいいます。
生徒　材質とか、内容の意味の種類は問わないのですね。
教官　本号の成立に影響ありません。
生徒　これらの物を取り除けば、刑法の器物損壊罪が成立するような気がしますがどうでしょうか。
教官　本号の取り除くとは、それまで置かれていた場所から除去することです。その行為は、例えば、看板を外して足下に投げ捨てて置くというように、簡単に元の状態に戻せるような状態に取り除く行為をいいます。しかし、その物を損壊したり、容易に発見できないような場所に投げ捨てたり、標示物の効用を害することになれば刑法の器物損壊罪に該当する行為です。

生徒　後段の行為は、前段とか、中段のものを「汚す行為」が罰せられるものですが、これについても、建造物損壊とか、器物損壊に当たる場合がありますが、このような場合は、先程と同様の考え方でよいのですね。

教官　そうです。本号に当たるのか、刑法の器物損壊に当たるのかの限界は、具体的な事実関係に即して物件なり、建造物の効用を害されたかどうかを検討して決めることになります。器物損壊に当たれば刑法に吸収されて本号の適用はありません。

生徒　過去の裁判例ですと、刑法の器物損壊か、本号違反かで論争されていますね。

教官　そうですね。しかも事案は主として労働組合の争議行為の手段として会社事務所の壁とか窓ガラスに誹謗文書とか、要求事項を記載したビラを貼り付けした事案が多いですね。これらは主として、刑法を適用していますね。これらの裁判例をみますと、建物や物件の実質的な効用の減損という点から判断しています。そして、「軽犯罪法の罪は刑法の器物損壊罪に達しない程度のビラ貼り行為や汚損行為を処罰の対象とするもので、両者の相違はその違法性と侵害性の程度にある」（広島高判昭三七・一・二三）と判示しています。

本事例のまとめ

本号にいう「工作物」とは、土地に定着する人工的な建設物をいい、本事例のような工事用防音防護壁もこれに当たる。「はり札」は、紙であろうと、金属であろうとを問わず、甲は半紙大の紙（ビラ）五〇枚をのり付けしたものであり、「はり札」に当たる。また、甲はパチンコ店建設反対の運動の一環として本行為を実行したものであるが、管理者の承諾を得ておらず「みだりに」に当たる。

以上のことから、甲の行為は本号の刑責を負う。

犯罪事実の記載例

被疑者は、平成〇年〇月〇日午前〇時ころ、敷地造成中の〇〇市〇〇町〇番地に設置された工事用防音・防護壁に、承諾を得ないで「パチンコ建設反対」と記載したビラ五〇枚をのりで貼り付け、もってみだりに他人の工作物にはり札をしたものである。

●参考判例●

軽犯罪法一条三三号前段は、憲法二一条一項に違反しない（最判昭四五・六・一七刑集二四・六・二八〇）

（判決理由）

軽犯罪法一条三三号前段は、主として他人の家屋その他の工作物に関する財産権、管理権を保護するために、みだりにこれらの物にはり札をする行為を規制の対象としているものと解すべきところ、たとい思想を外部に発表するための手段であつても、その手段が他人の財産権、管理権を不当に害するごときものは、もとより許されないところであるといわなければならない。したがつて、この程度の規制は、公共の福祉のため、表現の自由に対し許された必要かつ合理的な制限であつて、右法条を憲法二一条一項に違反するものということはできず……右と同趣旨に出た原判決の判断は正当であつて、論旨は理由がない。

＊　＊

「みだりに」とは、管理者の承諾を得ることなく、かつ社会通念上是認される理由もない意味に解すべきである（東京高判昭四四・七・三一高刑集二二・四・五〇四）

（判決理由）

(1)　まず、軽犯罪法一条三三号前段の「みだりに他人の家屋その他の工作物にはり札をした者」という場合の「みだりに」の解釈を検討する。

本件規定にいう「みだりに」とは、管理者の承諾を得ることなく、かつ、社会通念上是認されるような理由もなくの意味に解するのが相当である。管理者の承諾を得ない、勝手なビラ貼り行為によつて、客観的に、工作物が汚損されるのは、普通であるし、管理者が、これにより、それ相当の迷惑感とか、美観が損われたと感ずることも、これまた通例である。この軽微な法益侵害を保護するのが、本件規定なのである。

(2)　この「みだりに」の解釈は、承諾なきビラ貼り行為の目的・動機が正当であるかどうか、手段方法が相当であるかどうかによつて、その結論が違つてくることは、原則としてないというべきである。

もしも、ビラ貼りの目的・動機が正当であり、手段方法が相当であると考えるならば、その者は、管理者の承諾を得る労さえとるならば、それでことは片づくはずである。仮りに、管理者の承諾が得られない場合であれば、そのときには、管理者の承諾の得られる処を探しさえすれば、それで目的が達せられるはずである。

他人の迷惑にならないようにビラを貼ることを、法は要求しているからである。他人の迷惑を無視する態度は、そもそも民主主義の原則から許されないことである。そのようなビラ貼り行為は、表現の自由の権利の濫用というべきである。

虚偽広告の罪　（1条34号）

ポルノショップAの経営者甲は、最近同種の店舗が警察の立入検査や取締りを受けているため、客足が途絶えがちで売上が極端に減ってしまったことを聞き、
売上げ
月 月 月 月
何かいい手はないかね？
客の目を引くような看板を立てようと考えた。そこで……
警察署公認
最新ハードビデオ
タ々数入荷
!!
物珍しさも手伝って多数のお客が訪れた。

一条三四号　虚偽広告の罪

公衆に対して物を販売し、若しくは頒布し、又は役務を提供するにあたり、人を欺き、又は誤解させるような事実を挙げて広告をした者

生徒　教官、いよいよ最後の号ですね。

教官　よく頑張ってきましたね。本号は、誇大広告、虚偽広告等の不特定多数の人を騙すことになりやすい行為を禁止し、他人の財産なり、業務を保護しようとするものです。それに詐欺罪の予備的行為を禁止しているのです。

生徒　「公衆に対して物を販売する」ことは、不特定多数の人に有償で交付することですね。

教官　公衆は不特定、特定を問いません。多数の人に対して行う意思があればよく、現実に多数の人に有償交付したという結果や、連続して行ったということも必要ありません。

生徒　「頒布」とは、物を無償で交付することですね。

論点（ポイント）

○　公衆に対し
○　物を販売し、若しくは頒布し、又は役務を提供するに当たり
○　人を欺き、又は誤解させるような事実
○　広告をする

教官　そうです。でも「販売」と異なり多数の人に対して行う意思は必要ありません。

生徒　物は、どんな物でもかまいませんか。

教官　刑法の窃盗罪等にいう「財物」と同じ概念ですので、動産、不動産を問いません。

生徒　次の「役務の提供」は、有償や無償を問いませんか。

教官　問いません。それに肉体的、精神的なものも問いません。

生徒　行為ですが、「人を欺く」と「人を誤解させる」は、ともに意味が似ているような気がしますがどのように違いますか。

教官　「人を欺く」とは、他人を錯誤に陥れ虚偽の事実を真実と誤信させることをいい、行為者に欺く意思が存在しています。それに対して「人を誤解させる」とは、行為によって他人が錯誤に陥ることをいい、行為者に欺くことに対する未必的な意思、又は過失があれば足ります。

生徒　私はいずれの場合でも余り差異がないように思いますが。教官は本号の趣旨を誇大広告とか、虚偽広告の禁止と言われましたが、現実の商取引とか、商売の駆け引きに若干の誇張とか

虚偽は当然として行われていますが、どの程度をもって誇大とか虚偽といえるのですか。

教官　先程も話しましたが、「人を欺き又は誤解をさせるような事実」を挙げたものでなければなりません。本号は「ような事実」となっているように、社会通念からして「人を欺くような事実」というのは、人を錯誤に陥れて、それが虚偽であるのに真実のように思わせるような事実をいい、「人を誤解させるような事実」とは、他人が錯誤に陥るおそれのあるような事実をいいます。

生徒　本号の「広告」は多数の人の視覚に訴えるものでなければ、その効果もないですよね。

教官　広告の方法に制限はありません。視覚でも聴覚に訴えるものでもかまいません。また、広告をした以上、たまたま見なかった人がいたりしても、また、現実に広告の目的を達していなくても本号の成立に影響ありません。

生徒　詐欺を犯すための準備として広告を出した行為は詐欺未遂罪ではないのですか。

教官　他人を欺いてその財物をだまし取り、あるいは不正の利益を得る目的で欺く行為の手段として本号の行為をすれば、その目的を達成したか否かによって、詐欺罪又は詐欺未遂罪になり、本号はこれらに吸収されるという説がありますが、今君が言ったような広告を出した時点で本号の既遂とする場合も考えられ、詐欺罪の補充規定とは考えにくく、両罪が成立し牽連犯の関係に立つものです。その他不正競争防止法五条三項一号（商品の虚偽表示広告罪）、宅地建物取引業法三二条（誇大広告等の禁止）、医薬品、医療機器等の品質、有効性及び安全性の確保等に関する法律六六条一項（誇大広告等の禁止）に当たる場合は、これらの罪で処罰され、本号の適用はありません。

本事例のまとめ

甲は、店の売上を伸ばす目的で店頭に看板を出したものであり、「物を販売するに当たり」に当たることは明白である。また「警察署公認」と記載したことは、社会通念上、人が「警察公認の店」と錯覚に陥りやすい事実を表示する文言であり、「人を誤解させるような事実」に当たる。また、甲に人を欺く意思又は誤解させる意図は要しない。

以上のことから、甲の行為は本号の刑責を負う。

犯罪事実の記載例

被疑者は、平成○年○月○日ころから同月○日ころまでの間、自己の経営する○○市○○町○丁目○番地所在ポルノショップA店頭に「警察署公認最新ハードビデオ多数入荷」と記載した広告看板を掲げ、もって人を誤解させるような事実を挙げて広告をしたものである。

第二条　刑の免除・併科

前条の罪を犯した者に対しては、情状に因り、その刑を免除し、又は拘留及び科料を併科することができる。

第三条　教唆犯・幇助犯

第一条の罪を教唆し、又は幇助した者は、正犯に準ずる。

第四条　本法適用上の注意

この法律の適用にあたつては、国民の権利を不当に侵害しないように留意し、その本来の目的を逸脱して他の目的のためにこれを濫用するようなことがあつてはならない。

後記

生徒　教官、おかげで私の立小便も無罪であることがはっきりしましたね。

教官　そうですね。軽犯罪法では問題ないですね。でも道路交通法違反の問題が残っていますよ。

生徒　勘弁してください。ところで、この法律が施行された当時は終戦直後で、経済の破錠、社会の混乱の時代であり、この法律に対する期待は計り知れないものがあったのでしょうね。現代のように日本が世界のトップレベルの経済大国になったり、国際的にも重要な位置にある国になったその根底には、国民の道徳心、勤勉さ、再建国のためのたゆまぬ苦労と努力があったのだと思います。それを陰から支え、バックアップしたのが本法であり、それに国民が応えた結果ですね。そのように考えると軽犯罪法の意義も高く評価できるものと思います。

教官　そうですね。立法の趣旨は、国民の日常生活の比較的軽微な道徳違背行為を処罰すると同時に、重要犯罪の予備的犯罪の防止を目的としていることは君も学んだとおりです。我々はこの法律をベースにしてその時代、時代にマッチした内容に改定していく必要があり、それが我々の努めですね。でも本当はこのような道徳違背行為を処罰する法律がないような社会が理想でしょうね。

生徒　そうですね。そのような社会にしていくことが我々若者の義務だと思います。教官、長い間ありがとうございました。

ヴィジュアル法学
事例で学ぶ　軽犯罪法

平成6年2月20日　初　版　発　行
平成8年10月15日　改　訂　版　発　行
平成23年8月20日　改訂版13刷発行（新装版）
令和3年7月20日　改訂版22刷発行

編　者／刑事法令研究会
作　画／追浜コーヘイ
発行者／星沢　卓也
発行所／東京法令出版株式会社

112-0002　東京都文京区小石川5丁目17番3号　03（5803）3304
534-0024　大阪市都島区東野田町1丁目17番12号　06（6355）5226
062-0902　札幌市豊平区豊平2条5丁目1番27号　011（822）8811
980-0012　仙台市青葉区錦町1丁目1番10号　022（216）5871
460-0003　名古屋市中区錦1丁目6番34号　052（218）5552
730-0005　広島市中区西白島町11番9号　082（212）0888
810-0011　福岡市中央区高砂2丁目13番22号　092（533）1588
380-8688　長野市南千歳町1005番地
〔営業〕TEL 026（224）5411　FAX 026（224）5419
〔編集〕TEL 026（224）5412　FAX 026（224）5439
https://www.tokyo-horei.co.jp/

ISBN978-4-8090-1267-9